新时代外国语言文学
新发展研究丛书

总主编 罗选民 庄智象

话语研究新发展

Discourse: New Perspectives and Development

施 旭 赵丹彤 麦丽哈巴·奥兰 梅朝阳 / 著

清华大学出版社
北 京

内 容 简 介

本书旨在研究近十年来，我国话语研究的发展现状、未来发展的趋势与路径，将在梳理话语研究的理论、方法与实践的同时，重点探讨话语研究的文化转向，并从安全话语、经贸话语、媒体话语等领域给出实证研究与评价，助力中国突破西方学术舆论围堵。本书将帮助对话语研究领域感兴趣的广大读者和相关学生理解，并学习以多元文化为视角的话语理论体系，了解话语的文化特质和中国话语的现实与规律，助力构建、创新中国话语研究体系，深化和拓展话语研究的途径。

版权所有，侵权必究。举报：010-62782989，beiqinquan@tup.tsinghua.edu.cn。

图书在版编目（CIP）数据

话语研究新发展 / 施旭等著 . —北京：清华大学出版社，2022.12
（新时代外国语言文学新发展研究丛书）
ISBN 978-7-302-62433-2

Ⅰ.①话… Ⅱ.①施… Ⅲ.①汉语—话语语言学—研究 Ⅳ.① H1

中国版本图书馆 CIP 数据核字（2023）第 004382 号

策划编辑：	郝建华
责任编辑：	郝建华　倪雅莉
封面设计：	黄华斌
责任校对：	王凤芝
责任印制：	朱雨萌

出版发行：清华大学出版社
　　　　网　　址：http://www.tup.com.cn, http://www.wqbook.com
　　　　地　　址：北京清华大学学研大厦 A 座　邮　　编：100084
　　　　社 总 机：010-83470000　邮　　购：010-62786544
　　　　投稿与读者服务：010-62776969, c-service@tup.tsinghua.edu.cn
　　　　质量反馈：010-62772015, zhiliang@tup.tsinghua.edu.cn

印 刷 者：	大厂回族自治县彩虹印刷有限公司
装 订 者：	三河市启晨纸制品加工有限公司
经　　销：	全国新华书店
开　　本：	155mm×230mm　　印　张：10.75　　字　数：160 千字
版　　次：	2022 年 12 月第 1 版　　　　印　次：2022 年 12 月第 1 次印刷
定　　价：	108.00 元

产品编号：088085-01

中国英汉语比较研究会
"新时代外国语言文学新发展研究丛书"
编委会名单

总主编

罗选民　庄智象

编　委

（按姓氏拼音排序）

蔡基刚	陈　桦	陈　琳	邓联健	董洪川
董燕萍	顾曰国	韩子满	何　伟	胡开宝
黄国文	黄忠廉	李清平	李正栓	梁茂成
林克难	刘建达	刘正光	卢卫中	穆　雷
牛保义	彭宣维	冉永平	尚　新	沈　园
束定芳	司显柱	孙有中	屠国元	王东风
王俊菊	王克非	王　蔷	王文斌	王　寅
文秋芳	文卫平	文　旭	辛　斌	严辰松
杨连瑞	杨文地	杨晓荣	俞理明	袁传有
查明建	张春柏	张　旭	张跃军	周领顺

总　　序

　　外国语言文学是我国人文社会科学的一个重要组成部分。自 1862 年同文馆始建，我国的外国语言文学学科已历经一百五十余年。一百多年来，外国语言文学学科一直伴随着国家的发展、社会的变迁而发展壮大，推动了社会的进步，促进了政治、经济、文化、教育、科技、外交等各项事业的发展，增强了与国际社会的交流、沟通与合作，每个发展阶段无不体现出时代的要求和特征。

　　20 世纪之前，中国语言研究的关注点主要在语文学和训诂学层面，由于"字"研究是核心，缺乏区分词类的语法标准，语法分析经常是拿孤立词的意义作为基本标准。1898 年诞生了中国第一部语法著作《马氏文通》，尽管"字"研究仍然占据主导地位，但该书宣告了语法作为独立学科的存在，预示着语言学这块待开垦的土地即将迎来生机盎然的新纪元。1919 年，反帝反封建的"五四运动"掀起了中国新文化运动的浪潮，语言文学研究（包括外国语言文学研究）得到蓬勃发展。中华人民共和国成立后，尤其是改革开放以来，外国语言文学学科的发展势头持续迅猛。至 20 世纪末，学术体系日臻完善，研究理念、方法、手段等日趋科学、先进，几乎达到与国际研究领先水平同频共振的程度，取得了令人瞩目的成绩，有力地推动和促进了人文社会科学的建设，并支持和服务于改革开放和各项事业的发展。

　　无独有偶，在处于转型时期的"五四运动"前后，翻译成为显学，成为了解外国文化、思想、教育、科技、政治和社会的重要途径和窗口，成为改造旧中国的利器。在那个时期，翻译家由边缘走向中国的学术中心，一批著名思想家、翻译家，通过对外国语言文学的文献和作品的译介塑造了中国现代性，其学术贡献彪炳史册，为中国学术培育做出了重大贡献。许多西方学术理论、学科都是经过翻译才得以为中国高校所熟悉和接受，如王国维翻译教育学和农学的基础读本、吴宓翻译哈佛大学白璧德的新人文主义美学作品等。这些翻译文本从一个侧面促成了中国高等教育学科体系的发展和完善，社会学、人类学、民俗学、美学、教育学等，几乎都是在这一时期得以创建和发展的。翻译服务对于文化交流交融和促进文明互鉴，功不可没，而翻译学也在经历了语文学、语言学、文化学等转向之后，日趋成熟，如今在让中国了解世界、让世界了解中国，尤其是"一带一路"建设、人类命运共同体构建，讲好中国故事、传递好中国声音等方面承担着重要使命与责任，任重而道远。

20世纪初，外国文学深刻地影响了中国现代文学的形成，犹如鲁迅所言，要学普罗米修斯，为中国的旧文学窃来"天国之火"，发出中国文学革命的呐喊，在直面人生、救治心灵、改造社会方面起到不可替代的作用。大量的外国先进文化也因此传入中国，为塑造中国现代性发挥了重大作用。从清末开始特别是"五四运动"以来，外国文学的引进和译介蔚然成风。经过几代翻译家和学者的持续努力，在翻译、评论、研究、教学等诸多方面成果累累。改革开放之后，外国文学研究更是进入繁荣时代，对外国作家及其作品的研究逐渐深化，在外国文学史的研究和著述方面越来越成熟，在文学理论与文学批评的译介和研究方面、在不断创新国外文学思想潮流中，基本上与欧美学术界同步进展。

外国文学翻译与研究的重大意义，在于展示了世界各国文学的优秀传统，在文学主题深化、表现形式多样化、题材类型丰富化、批评方法论的借鉴等方面显示出生机与活力，显著地启发了中国文学界不断形成新的文学观，使中国现当代文学创作获得了丰富的艺术资源，同时也有力地推动了高校相关领域学术研究的开展。

进入21世纪，中国的外国语言学研究得到了空前的发展，不仅及时引进了西方语言学研究的最新成果，还将这些理论运用到汉语研究的实践；不仅有介绍、评价，也有批评，更有审辨性的借鉴和吸收。英语、汉语比较研究得到空前重视，成绩卓著，"两张皮"现象得到很大改善。此外，在心理语言学、神经语言学和认知语言学等与当代科学技术联系紧密的学科领域，外国语言学学者充当了排头兵，与世界分享语言学研究的新成果和新发现。一些外语教学的先进理念和语言政策的研究成果为国家制定外语教育政策和发展战略也做出了积极的贡献。

习近平总书记指出："要着力推进国际传播能力建设，创新对外宣传方式，加强话语体系建设，着力打造融通中外的新概念新范畴新表述，讲好中国故事，传播好中国声音，增强在国际上的话语权。"为贯彻这一要求，教育部近期提出要全面推进新工科、新医科、新农科、新文科等建设。新文科概念正式得到国家教育部门的认可，并被赋予新的内涵和定位，即以全球新技术革命、新经济发展、中国特色社会主义新时代为背景，突破传统的文科思维模式与文科建构体系，创建与新时代、新思想、新科技、新文化相呼应的新文科理论框架和研究范式。新文科具备传统文科和跨学科的特点，注重科学技术、战略创新和融合发展，立足中国，面向世界。

新文科建设理念对外国语言文学学科建设提出了新目标、新任务、新要求、新格局。具体而言，新文科旗帜下的外国语言文学学科的发展目标是：服务国家教育发展战略的知识体系框架，兼备迎接新科技革命的挑战能力，彰显人文学科与交叉学科的深度交融特点，夯实中外政治、文化、社会、历史等通识课程的建设，打通跨专业、跨领域的学习机制，确立多维立体互动教学模式。这些新文科要素将助推新文科精神、内涵、理念得以彻底贯彻落实到教育实践中，为国家培养出更多具有融合创新的专业能力，具有国际化视野，理解和通晓对象国人文、历史、地理、语言的人文社科领域外语人才。

进入新时代，我国外国语言文学的教育、教学和研究发生了巨大变化，无论是理论的探索和创新，方法的探讨和应用，还是具体的实验和实践，都成绩斐然。回顾、总结、梳理和提炼一个年代的学术发展，尤其是从理论、方法和实践等几个层面展开研究，更有其学科和学术价值及现实和深远意义。

鉴于上述理念和思考，我们策划、组织、编写了这套"新时代外国语言文学新发展研究丛书"，旨在分析和归纳近十年来我国外国语言文学学科重大理论的构建、研究领域的探索、核心议题的研讨、研究方法的探讨，以及各领域成果在我国的应用与实践，发现目前研究中存在的主要不足，为外国语言文学学科发展提出可资借鉴的建议。我们希望本丛书的出版，能够帮助该领域的研究者、学习者和爱好者了解和掌握学科前沿的最新发展成果，熟悉并了解现状，知晓存在的问题，探索发展趋势和路径，从而助力中国学者构建融通中外的话语体系，用学术成果来阐述中国故事，最终产生能屹立于世界学术之林的中国学派！

本丛书由中国英汉语比较研究会联合上海时代教育出版研究中心组织研发，由研究会下属29个二级分支机构协同创新、共同打造而成。罗选民和庄智象审阅了全部书稿提纲；研究会秘书处聘请了二十余位专家对书稿提纲逐一复审和批改；黄国文终审并批改了大部分书稿提纲。

本丛书的作者大都是知名学者或中青年骨干，接受过严格的学术训练，有很好的学术造诣，并在各自的研究领域有丰硕的科研成果，他们所承担的著作也分别都是迄今该领域动员资源最多的科研项目之一。本丛书主要包括"外国语言学""外国文学""翻译学""比较文学与跨文化研究"和"国别和区域研究"五个领域，集中反映和展示各自领域的最新理论、方法和实践的研究成果，每部著作内容涵盖理论界定、研究范畴、研究视角、研究方法、研究范式，同时也提出存在的问题，指明发展的前景。总之，本丛书基于外国语言文学学科的五个主要方向，借助基础研究与应用研究的有机契合、共时研究与历时研究的相辅相成、定量研究与定性研究的有效融合，科学系统地概括、总结、梳理、提炼近十年外国语言文学学科的发展历程、研究现状以及未来的发展趋势，为我国外国语言文学学科高质量建设与发展呈现可视性极强的研究成果，以期在提升国家软实力、构建人类命运共同体过程中承担起更重要的使命和责任。

感谢清华大学出版社和上海时代教育出版研究中心的大力支持。我们希望在研究会与出版社及研究中心的共同努力下，打造一套外国语言文学研究学术精品，向伟大的中国共产党建党一百周年献上一份诚挚的厚礼！

罗选民　庄智象

2021年6月

前　　言

　　本书的主要目的是向中国社会科学界，尤其是交际学（Communication Studies），包括传播学、新闻学、话语分析、文学批评、修辞学、语言学的学者和学生，报告过去20年里国内话语研究的一些新趋势、新课题、新成果，同时也分析、评估存在的问题和挑战，并在此基础上筹划未来10年中国话语研究的发展战略。

　　20年前，"话语""话语研究"还处于中国社会科学的边缘；新时代里，它已不再寂寞，且有渗透整个学界的势头，我们相信这与国家和学界的自觉有关。然而问题是，人们对于其确切的定义、内涵及研究意义，往往并不清楚。而且，有些定义和概念过于片面，并不适合中国的情景与需求，也不利于话语研究的文化创新。因此，在我们描绘话语研究新发展的开头，先将"话语"的定义和概念，"话语研究"的学术价值和社会意义，加以说明。

　　出自于20世纪70-80年代西方学术界的"话语"（如英文里的"discourse"，法语里的"discours"）一词，至今在国内和国外的社会科学讨论中，仍然处于一种概念纷繁或模糊的状态之中。有些用法指语句，有些指语篇或会话（如一封信、一席话），有些指语言使用中所表达的理念（如"走中国特色社会主义道路"），有些指特定的语言表达方式（如"中国梦""新时代"），有些指特定文化群体的语言使用原则和规则（如"建立文论的中国话语"），有些指特定语境下的语言使用（如媒体话语、课堂话语），有的与其他词混合，使其概念变得泛化或模糊不清（如舞蹈话语、建筑话语、话语权、话语体系）。

　　对话语做了较为系统研究、形成现代学派并产生重要影响的，要首推西方的"话语分析"（discourse analysis）。尽管话语分析本身形形色色，但是各式分支对话语已基本形成了较为统一的定义和相应的研究方向：话语，是社会语境下的语言使用，通常以口头或书面的文本形式出现；其研究目标是描述文本的结构（如"现实的建构"），解读词句的意义（如"功能""目的"），解释语言结构的成因（如"社会结构""意识形态"）。不难看出，这种对于研究对象的界定和理解，以及研究目的的选择，与现代西方语言学以及更广泛的西方文化有着直接的关系。

然而，对于那些希望深入认识社会、解决社会问题的研究者来说，仅将研究对象和目标锁定在语言形式或语篇会话本身，视野未免太窄，也缺乏更广阔的学术价值和社会意义。人类的社会实践活动，不仅仅是语言现象；一味地纠结文本，而忽略缠绕文本的人和事，或者说语境（包括相关的物质世界），便不能真正理解社会，也就解决不了社会问题，因而也缺乏实践意义。全球化时代，信息时代，新媒体时代，跨学科时代，要求我们具有全面、整体、多元的视野。

本书将展现"话语"的新疆界、新定义、新概念、新理论：全球交际系统中，特定文化、历史环境下，特定群体运用语言和其他工具进行的社交实践。这就超出了主流传统的以语篇为核心的范畴。在这里，一般地说，话语由多元要素组成：对话主体、言语/行动、媒体/时空、目的/效果、历史关系、文化关系，它们辩证相连。按照这一标准，我们可以讨论中国话语、亚洲话语、东方/亚非拉/发展中国家话语、西方话语等，同时还可以探究这些不同文化话语体系（discourse system）在全球交际系统（global communication system）中的差异关系和互动关系。

这样的"话语"定义，与"交际学"的对象"交际"（communication，如译作"传播"，则过于单向度）有重要的重合面，比如都涉及交际的主体、场景、媒体、内容、形式、效果等。但是，前者与后者在侧重点，甚至观点上有重要区别："交际"强调普遍性；"话语"强调文化性（交际的差异性、竞争性）。本书的"话语"定义与各种西方话语分析也有相交之处，比如都关心语言使用。但是，两者又有根本不同：西方话语分析聚焦文本，并不关心或研究语境（只将其当作阐释文本的辅助工具），而且采取普世主义立场。而本书的"话语"定义，强调"文本"与"语境"的整体联系性——将其合二为一，并坚持从文化视角出发。总之，与现有的各种定义相比，本书对话语的界定更加全面、更加丰富。这样，研究者可以不仅关心文本，同时也关心语境；可以不仅关心说的，同时也关心做的；可以不仅关心语言，同时也关心媒体；可以不仅关心人类交际，同时也关心特定文化语境下的具体话语实践。

我们这里对话语、交际的定义及其内涵的阐述和分析，并非旨在提供一个普世的标准框架；是一种带有特定民族文化视角的建议，与其他文化传统形成一种对话关系；即使说它是一种特定民族文化视角，我们同时也意识到民族文化内部多元性的可能性。因此，我们提出的定义、概念，乃至理论和方法，本质和目的是突破学术霸权，推动学术的文化多元发展与创新。

要充分认识和实现话语研究的潜力和意义，还需要进一步掌握话语的内涵和基本特性。这里重点阐释话语六个重要但往往被忽视的性能和特点：

（1）**话语的建构性**。在"语言即意义管道"隐喻的影响下，一些研究者设法拨开文本去发现"真相""事实""现实"，将文本当作探索现实的路径或手段，否定文本/话语意义；在后现代主义的驱动下，一些研究者用文本"解构"或否定真相、事实、现实。这两种做法其实都是同样将文本与现实二元对立，拔高一面，否定另一面。更加确切地说，他们都忽视了话语（而非单纯文本）与现实的辩证关系：由多元要素构成的话语既是精神的，也是物质的，它贯穿、形塑、构成现实，推动世界向前变化发展。从这个意义上说，话语具有现实建构性。话语是构成社会生活的重要部分，甚至是核心部分。人类的各行各业，社会生活的方方面面，都离不开人们运用语言、媒体，实现社会实践的目标，如习以为常的网络浏览、微信聊天、例行早会、商务谈判、课堂教学、大众传播、法庭审判、文学欣赏、教堂布道、国家治理、外交活动等。即使是音乐、舞蹈、艺术、电影、体育或者博物馆也离不开话语；没有话语配合、补充，交响乐、芭蕾、摄影、绘画、雕塑和体操在很大程度上都会黯然失色。因此，整体辩证视角下的话语，不仅是认识世界的方法，也是理论发展和实证分析的目标。简言之，研究话语，就是研究现实本身，这与整体的社会科学的目的相一致。

（2）**话语的权力性**。如果说话语具有现实建构性，那么不难理解，它同时具有权力性，即能够在交际的个人之间或群体之间形成某种张力关系，如压制、排斥、反抗、自强等。在话语实践中，人们坚持对于世界的某一种说法，避免、排除、驳斥其他说法，从而让人相信自己的说法，达到左右他人的行为。一些人群拥有强大的交流技术、传播工具，可以广泛而有效地影响受众；一些人群占据重要的社会地位，可以获得更多的资源、产生更大的影响力。正如福柯所指出的，权力遍布于话语的全过程、各部分，在其中，压制与反抗并存。

（3）**话语的媒介性**。话语意义的生成和理解不仅仅依托语言，往往与其他符号（表情、手势、声像等）、传播系统（电台、电视、报刊等）配合实现。如今，随着全球化时代、互联网时代、信息化时代、（新／智／融／全）媒体时代的到来，人类话语已发生重大变化——新媒体的加入，催生新媒体话语，使话语的媒体性大大提高。由于社交性强、信息量大、速度快、辐射广等优势，新媒体话语已成为推动社会变化发展的巨大力量。因此，话语研究再也不能忽视这一特性。

（4）**话语的交互性**。人类的一个重要特性是对话，主要是通过语言运用，与他人、与自己实际地或潜在地（自言自语地）进行社会实践活动。这意味着，话语总有相对应的交际个人或群体，总有其他相关的话语。从根本上说，话语是社会（关系）性的；当然，话语也是潜在的或实际的权力场域，人们在此运用、提升、阻止、争夺对话的权力。因此，话语研究应该关注、对比、联系对话主体的双方（不仅仅是某一方）、相对应的话语（而不是单方面的话语）以及对话权力的享用和使用。

（5）**话语的历史性**。无论是在理论上还是实证分析上，西方话语分析、交际学普遍缺乏历史意识。中国文化传统告诉我们，变是世界的普遍规律；作为人类交际实践，话语同样不断变化发展。这种变化反映在话语的各要素上，当代信息技术发展带来的交际方式和社会关系的变革是最鲜明的例证。同时，如果把话语主体看作是能动的，那么他们总是在话语操作上，对历史语境进行不断的传承、借鉴、改革、抛弃、创新。当今中国政治生活中的"和谐""人类命运共同体"等关键词，都与中国文化传统中的"和为贵""天下"等价值观、世界观有紧密的联系。因此，话语研究必须注意话语（如变量、总体关系）的历史关系和历史变化。

（6）**话语的文化性**。西方中心主义主导下，西方话语分析、交际学，无论在理论上还是实证分析上，更加缺乏文化意识。虽然人类不同文化话语体系有共性，但是其差异性——例如在世界观、价值观、媒体技术、国际语境等方面的差异——被抹杀或遮蔽；虽然有相互依存、合作的方面，但是权力竞争，尤其是歧视、压迫、排斥等问题，常常被忽视或掩盖。一些话语体系可能有类似的历史传统，相同的社会状况，共同的发展目标，因而形成相似的文化特性；但另一些话语群体之间可能有歧视、诋毁、压制或反抗的行为和关系。从这样的文化角度来看，中国/亚洲/东方/发展中世界话语体系，或者发达世界/西方/美国/欧洲话语体系，以及这些不同话语体系之间的关系，应该成为话语研究的重点关注对象和研究问题。（话语体系指"交际规则系统"与"交际体制系统"之和）我们必须注意，任何文化话语体系都不是凝固的、统一的，也不是边界清晰的；而是流动的、活跃的、开放的。它们相互依存、相互作用、相互渗透，推动全球人类交际系统朝着更高的文明水平发展。

前文提出了比主流话语分析、交际学更加广阔全面的"话语"定义。它在内涵上更加丰富，比如纳入包括（新）媒体在内的六个交际要素；更加整体，比如强调各交际要素之间的联系、将不同文化话语体系纳入全球交际系统；更重要的是，指出人类交际系统的文化性——话语体系之间的差异性、竞争性；同样重要的是，说明了人类交际通过内部要素、体系间的互动而变化发展。

国际主流的话语分析、交际学（并不限于西方地域），坚持西方中心主义立场，缺乏文化多元、竞争意识，聚焦片面的交际实践（如语篇），因而无法解构西方文化霸权，助力东方世界、发展中世界的成长。西方/白人/男性学者继续将西方视角、价值观、概念、理论、方法、问题，当作普世/普适学术思想，借助西方经济、政治、科研、教学、传媒优势，单向度地传播至世界各地，重复、巩固关于西方和非西方的"知识"/偏见。在这种西方学术话语强势传播的语境下，非西方/东方/非白种人/南半球/第三世界/发展中国家学者、学生可能自觉或不自觉地将西方"知识"当作标杆，用以分析、解读、评判非西方话语，遮蔽甚至扭曲本土现实和问题，因而扩散、再造、加深了殖民主义、对东方的偏见和歧视（如耳熟能详的"落后""独裁""腐败""欺骗""好斗"等标签）；同时，东方学术传统被忘却、腐蚀、排挤，不同文化学术传统之间的对话与批评被阻断。（须强调，这里的"西方/东方"，超越地理界限，是权力竞争、不平等意义上的概念。）

那么，更加全面整体的话语定义、强调文化性的话语概念，是本书要展示的两个相连的话语研究范式（文化话语研究和当代中国话语研究）的基石。它们的基本出发点是一种文化主义：在以普世主义为名、西方中心主义为实的学术霸权条件下，话语研究应该以文化平等对话为原则，揭示人类不同话语体系间的差异关系和权力关系，进而推动本学科的文化多元创新和全人类的文化和谐发展；而对于中国的学者来说，就是要创立和提升中国话语学派，让中国更好地认识自己的话语，让世界更好地理解中国话语，从而为中国和世界共同建设美好的未来提供科学支撑。这也是动荡变革时代下，话语研究应该追逐的新意义。

因此，在本书的研究过程中，我们努力遵循这样几个原则：（1）选材上，突破文本、修辞、符号、媒体、传播等单一层面的窠臼，将"话语"视线扩大到以历史、文化为轴线的整体社会交际实践，以全面反映话语研究的效力；（2）方法上，兼顾定性分析和定量分析，以充分反映话语研究的技术手段；（3）目的上，特别关注具有中国特性、世界意义（去西方化、文化包容）的现象和问题。

本书的内容结构基本上是从基本概念和意义（前言）出发，先回顾中国话语研究的背景现状（第1、第2章），接着展示范式转型的方向路径（第3章）和中国模式（第4章），进而呈现话语研究的一系列中国实践（第5章），然后聚焦中国实践的个案（第6章）以及多个主题背景下的中国话语研究（第7章），最后提出话语研究未来10年的中国战略（结语）。

施旭制定了全书的逻辑与结构，撰写了前言、第3、第4、第5、第6章和结语；麦丽哈巴·奥兰、施旭撰写了第1章；梅朝阳、赵丹彤撰写了第2章；赵丹彤撰写了第7章。最后，施旭、赵丹彤对全书进行了统稿。本书一些章节早期版本曾在国内外期刊和集刊发表，在此谨以表达衷心的感谢。

本书的写作任务十分急迫，因而在广度、深度、精度以及前瞻性方面一定存在这样或那样的缺陷，欢迎读者、同行批评指正，并通过交流弥补短缺。

施 旭

2022年9月

目　　录

第 1 章　话语研究的国际图景 ·················· 1

 1.1　交际学的特性和特点 ························· 1

 1.2　话语分析的特性和特点 ······················· 3

 1.3　交际学、话语分析的文化批评 ················ 7

第 2 章　话语研究的中国板块 ·················· 11

 2.1　国内外国语言学界的话语分析 ··············· 11

  2.1.1　总体演进情况 ························· 12

  2.1.2　研究热点和重点问题 ··················· 16

  2.1.3　主要趋势和核心议题 ··················· 20

 2.2　国内新闻传播学界的话语研究 ··············· 24

  2.2.1　总体发展情况 ························· 24

  2.2.2　研究热点 ····························· 29

  2.2.3　研究趋势及核心议题 ··················· 31

 2.3　小结 ······································· 33

第 3 章　话语研究的文化转向 ·················· 37

 3.1　交际学的文化局限 ························· 37

 3.2　从交际学到文化话语研究 ··················· 39

  3.2.1　作为学术思潮的文化话语研究 ··········· 39

  3.2.2　作为学术范式的文化话语研究 ··········· 41

  3.2.3　作为学术平台的文化话语研究 ··········· 45

 3.3　小结 ······································· 46

第4章 文化话语研究的中国模式 ········· 49
4.1 当代中国话语研究体系 ········· 52
4.1.1 哲学部分 ········· 52
4.1.2 理论部分 ········· 56
4.1.3 方法部分 ········· 67
4.1.4 问题部分 ········· 73
4.2 小结 ········· 76

第5章 中国外交政策的全球传播 ········· 77
5.1 问题与目的 ········· 77
5.2 文化话语视角下的中国外交 ········· 79
5.2.1 中国外交话语实例分析一：语言使用 ········· 85
5.2.2 中国外交话语实例分析二：媒介使用 ········· 91
5.3 小结 ········· 94

第6章 中国城市形象的全球传播 ········· 97
6.1 文化话语研究视野下的城市国际化及全球传播话语体系 ········· 98
6.2 杭州全球传播实践 ········· 101
6.3 传播杭州的媒介使用 ········· 104
6.4 杭州世界名城全球传播的新战略 ········· 106
6.5 小结 ········· 112

第7章 中国话语研究的多方开垦 ········· 113
7.1 妇女人权话语研究 ········· 113
7.2 企业危机话语研究 ········· 115

7.3 外贸摩擦话语研究 ……………………………… 115

7.4 休闲旅游话语研究 ……………………………… 117

7.5 国家形象话语研究 ……………………………… 119

7.6 外交热点话语研究 ……………………………… 120

7.7 中非交往话语研究 ……………………………… 120

7.8 国家安全话语研究 ……………………………… 121

7.9 国际治理话语研究 ……………………………… 124

7.10 文学艺术话语研究 ……………………………… 125

7.11 小结 ……………………………………………… 129

结语 话语研究中国战略2030 ………………………… 131

参考文献 ……………………………………………………… 135

图 目 录

图 2.1　1998—2019 年外国语言学核心期刊中话语相关研究的年发文量统计 ································· 13

图 2.2　外国语言学核心期刊中话语相关研究的发文量统计 ········ 14

图 2.3　外国语言学核心期刊中话语研究相关文献的关键词共现图谱 ································· 17

图 2.4　外国语言学核心期刊中话语研究相关的文献共词网络聚类标签视图 ································· 18

图 2.5　外国语言学核心期刊中话语研究相关文献的关键词聚类时序图谱 ································· 19

图 2.6　外国语言学核心期刊中话语研究相关文献的关键词突变图谱 ································· 20

图 2.7　1998—2018 年新闻学与传播学核心期刊中话语相关研究的年发文量统计 ································· 25

图 2.8　新闻学与传播学核心期刊中话语相关研究的发文量统计 ································· 27

图 2.9　新闻学与传播学核心期刊中话语研究相关的文献共词网络聚类标签视图 ································· 30

图 2.10　新闻学与传播学核心期刊中话语研究相关文献的重要节点共词网络视图 ································· 30

图 5.1　划重点展示 ································· 93

图 5.2　图文并茂展示 ································· 93

表 目 录

表 2.1 外国语言学核心期刊中话语相关研究被引频次最高的期刊论文 ·················· 15

表 2.2 外国语言学核心期刊中话语研究相关文献的中心性前十位的关键词 ·················· 17

表 2.3 新闻学与传播学核心期刊中话语相关研究的论文发表前十位的机构 ·················· 27

表 2.4 被引频次最高的期刊论文 ·················· 28

表 2.5 新闻学与传播学核心期刊中话语研究相关文献的中心性排名前 16 位的关键词 ·················· 31

第 1 章
话语研究的国际图景

现代意义的话语研究（Discourse Studies）发源于 20 世纪 80 年代西欧的话语分析。那时，其主要理论基础是语言学。目前，已发展成一个由多元之流组成的跨学科领域，而且渗透到其他人文社会科学的不同领域。从理论和方法传统来看，话语研究应该说属于广义的交际学，与其中的传播学、符号学、修辞学等相并列——因为都直接或间接地涉及到意义、意义的生成者、生成意义的媒介和策略。在中国，经过 40 余年的翻译、学习、应用，话语研究取得了丰硕成果，视野不断拓展，内容不断丰富，研究队伍也不断壮大。为了更好认识和理解话语研究在中国的发展和新时代的变化，本章将简要观察和分析话语研究的国际图景。为此，我们首先将审视它所属的交际学领域，然后聚焦其典型分支——话语研究。

1.1 交际学的特性和特点

现代意义的交际学起源于 20 世纪初的美国，是当时大众传播技术和社会发展的产物。如今，它结合了多个学科传统，研究对象包括个体或群体的语言交流、大众/社交媒介、社会关系等在内的多元纷繁现象。从这个意义上说，话语分析、传媒研究、符号学、修辞学、民俗/跨文化交际学等都属于这个范畴。无论在国外还是国内，交际学都站在社会科学的前沿，发展迅猛，并或多或少地影响着社会。

进入 21 世纪以来，全球化、多极化、信息化、媒介化、数字化和文化多元化深入发展；同时，霸权主义、保护主义、民粹主义、恐怖主义持续蔓延,既给人类社会发展带来机遇,又带来挑战。尤其是贫困蔓延、环境污染、核武竞赛等已成为威胁人类生死存亡的根本性问题。纵观广义的交际学,尽管在各方面都在不断进取,但是无论在国内还是国外,都还缺乏有效、有力的应对,仍然远远不能满足社会发展的需求,甚至可能导致相反的结果,而其根源就在于二元对立的思维方法和(美国、欧洲为主的)西方中心主义的价值观(施旭,2008,2022a)。

这里我们列举两方面的例子。首先来看国际交际学对于贫困、核武、环境变化三大问题的关注度(施旭,2022b)。2018—2019年,交际学领域14个核心SSCI国际期刊一共发表约1800篇文章。通过对题目和摘要中相关词检索发现,涉及核武(nuclear)的文章为0篇,贫困(poverty)的5篇,环境变化(climate/environment change)的106篇。由此可以看出,占据交际学重要位置的学术研究,极少关注人类正面临的急迫且威胁性大的问题。

再来观察国际领域中交际学关于中国话语传播实践的研究。我们只要翻阅一下近年国际期刊关于中国大陆话语传播的研究论文(且不包括用中国语言现象验证西方"普世"理论或"纯"语言现象分析的论文),就会发现它们在解读中国现象时有一些特殊守成规律(施旭,2008)。理论上它们设定,"中国政府总是为自身权威而操纵媒体、左右国内／外舆论""中国政府与人民／民主分离对立""中国话语与正统话语有差异""中国图谋称霸世界"。在研究现象和问题上,便聚焦政府如何"控制"媒体、"摆布"人民,或反过来,人民如何"反抗／托举"政府,或中国如何"坑害"美国、"愚弄"世界。方法上,套用西方工具和模式,或凭借孤立个案,或拘泥只言片语,或依托"内容分析法",以偏概全。由此得到的结论不足为奇:中国媒体与"国际媒体"存在鸿沟,人民有各种"反／托"政府声音,中国给美国挖"陷阱",政府／元首有操纵媒体的各种策略,政府有掌控世界的"企图""局限"等观点成为批评、质疑、诋毁中国的主旋律。

这样一套西方学术话语体系,不仅罔顾中华文化、历史变迁、细节全貌,而且通过仔细分析就会发现,支撑这一套话语体系的是一些隐秘的"公理":"美国西方代表的国际秩序是正道,不应改变""中国是国际社会的另类"。按照这种逻辑推导出来的"中国知识",与Said(1978,

1993）所揭示的"东方主义"话语，或与Orwell（1949）在其作品《一九八四年》中所展示的东方社会，本质上毫无区别，不过是新瓶旧酒，陈词滥调，而在效果上只能强化西方对中国的偏见。

1.2 话语分析的特性和特点

　　交际学中一个重要且突出的分支是话语分析。它的地位之所以非常重要，是因为它关心交际活动的核心部分：语言使用；它的地位也非常突出，是因为它发展迅猛，多学科渗透。

　　话语分析基于语言学，其特点是聚焦语言使用的书面或口头文本，解读文本的形式与内容（如对现实的描写）、功能（如交际的目的）、或成因（心理或社会的影响）。换言之，话语分析将语言现象与其使用的语境（如说话人、运用的网络、文化传统）分割开来，以专注与前者的解读。

　　话语分析，作为学科术语，最早出现于20世纪50年代，起始于 Language 杂志里刊登的一篇名为"Discourse Analysis"的文章（Harris, 1952）。Harris 从传统的语法角度对话语结构进行了分析。虽然 Harris 既没有提出系统的理论，也没有推出可以依从的成套研究方法（朱永生，2003；吴秀明，2006），但是在众多学者的努力下，话语分析已渗透到了哲学、社会学、政治学、传播学、教育学、心理学、语言学等人文社科的各个领域。20 世纪 90 年代初，话语分析被全面系统介绍到中国（冯·戴伊克，1993）。自那以后，一批中国学者将话语分析不断翻译、介绍、评论、借用，目前这些工作俨然已成为国际领域整体的一部分。下面描述西方话语分析在中国的展开情况。

　　Halliday（1973）创立的系统功能语言学理论对话语分析具有重要的影响。Halliday 通过语言系统、语言功能的理论观点指导了现实中的话语分析实践，揭示了语言形式与交际功能之间的关联。沿着这一传统，Flower & Kress 在 *Language and Control* (1979) 中提出了"批评语言学"这一概念。该研究范式以系统功能语言学的早期理论为方法，通过对语篇的及物性、情态、转换、语序分类以及连贯性分析，揭示话语的隐含意识形态意义（纪卫宁，2008；田海龙，2019；辛斌，2005），为话语研究指出了一个新的研究方向。话语研究也从纯语言本体研究转向了话语行为研究（姚志英、郜丽娜，2016）。不过这种批评语言学的研究方法还是局限在文本分析，体现了语言与社会一对一的直接关系（田海龙，2006）。

1989年对于批评话语分析是具有里程碑意义的一年。这一年Fairclough在 *Language and Power* 这本书中正式提出了"批评话语分析"这一术语（Fairclough，1989），他认为话语是一种社会实践，并明确提出了批评话语分析的研究理论、研究内容及研究方法。Fairclough（1992）的三维分析模式（three-dimensional model）从微观层面的纯文本分析描写话语的结构特征，接着阐释话语与话语实践过程的关系，最后解释话语实践过程与其社会语境之间的关联（姚志英、郜丽娜，2016）。之后Fairclough又在这个三维模式基础上提出了五步分析法框架和四步分析法（田海龙，2019）。Fairclough的四步分析法依据传统修辞学的分析工具，注重论证与推理，通过规范性批评、解释性批评，进而提出可行的、符合伦理的、"设想的"解决方案（田海龙，2019）。不过国内学者们更青睐于Fairclough的三维分析模式来开展批评话语研究，或者移植该模式来实现批评话语研究方法的跨学科融合（田海龙，2017）。

要认清话语分析特点，可以从批评话语分析开始，因为批评话语分析是话语分析的一个典型代表。40多年来，研究者从不同的视角开展批评话语分析研究，其中最主要的有以Fairlough为代表的社会—文化分析流派、以Van Dijk为代表的社会—认知分析流派、以Fowler为代表的批评语言学，以及以Wodak为代表的历史—语篇分析流派等四大学派。在《批评话语分析方法》（*Method of Critical Discourse Analysis*）一书中，Wodak & Meyer（2002）在以上四个派系基础上又增加了Jager的话语和语符分析流派（纪卫宁，2007）。

在这些批评话语分析主流学派的研究基础上，又涌现出了以Chilton为代表的认知话语分析法、以Johnson为代表的批评隐喻分析法、以Scollon为代表的媒介话语分析学说，以及以Wetherell为代表的话语心理学等新的研究流派（纪卫宁，2008）。批评话语分析的理论

第1章 话语研究的国际图景

除了涉及传统的与语言学相关的系统功能语言学、社会符号学、修辞学、评价理论以外，还涉及叙事学、马克思主义哲学、社会学、翻译学、语言相对论、语言意识形态观、话语空间理论（Chilton，2004，2005）、趋近化理论（Cap，2013；武建国，2016）、边缘理论（丁建新，2010，2013，2016）等。

正因为批评话语分析所依据的学科及理论具有多样性，其分析方法也借鉴了多个学科的研究方法，如 Fairlough 的三维分析法、社会认知法、历史语篇分析法、修辞法、叙事法、语料库分析法、积极话语分析、多模态批评话语分析法（Machin，2016）、主题分析法、民族志分析法、互文法、行动启示分析法（袁周敏，2018），Bhatia（2017）的四维体裁分析模型（武建国，2015）、边缘话语分析法（丁建新，2010，2016；丁建新、沈文静，2013）、批评译学法（胡开宝，2017）等。

根据穆军芳（2016）对国际批评话语分析研究进展的图谱分析，国外批评话语分析学者的研究热点多集中在教育、身份、政治、性别、权力、政策、女性、健康、种族、气候、社会公正、话语策略等话题。而根据胡晓静（2019）和穆军芳（2016）的国内批评话语分析的纵向研究，国内学者的研究热点主要聚焦在政治话语、意识形态、权力、身份构建、地区/国家形象以及生态话语上。其中，意识形态层面多涉及外媒的涉华报道研究，身份构建层面则多涉及老年人、香港人、农民工、机构身份等特殊人群。

由于国内的话语分析队伍往往以外语（尤其是英语）专业出身者居多，因此中国学者多热衷于研究他国语料。尤其是近几年的批评话语分析语料包括希拉里邮件门事件（杨敏，2018）、俄罗斯十月革命100年报道（许婷婷，2018）、德国国家身份构建（邱海颖，2017）、英美国家反恐演说（宋健楠，2017）、美国战争话语（王磊，2017）、日本首相涉朝问题（杨潆潆，2017）等。当然，也有一些学者能够将问题意识与话语研究有机结合，深入探讨与中国相关的国际话语事件，如美、印、欧盟对"一带一路"的报道（唐青叶，2018；单理扬，2017）、英美媒体对中国"十二五"经济活动的报道（李静，2018）、美媒对中俄军事演习的报道（潘艳艳，2017）、中俄领导人讲话（王野，2017）、日本防卫队涉华话语（田伟琦，2017）、中美官方危机话语（郭旭，2017）等。

近年来，由于研究目标从以往的语言问题趋向社会、政治、经济等问题，又由于心理学、社会学等其他西方理论的介入，"话语分析"的名称逐渐改为"话语研究"。但是，综观全局，国际领域里的话语分析或话语研究，在理论、方法乃至问题意识上，都还是沿袭了西方以文本解读为目的的模式；即使在国内，面对中国问题，也还是没有突破西方传统窠臼。因为第 2 章将针对国际话语研究的中国板块展开分析，这里不再赘述。

从文化立场、理论视野、学术实践的角度看，西方话语研究有着明显的局限。这些包括二元对立的思维方式（比如语篇和语境、真理与谬误、研究者与研究对象），拘泥于文本的阐释，个人主义的价值观（语言使用者的目的实现），普世主义的理论与应用（比如西方概念、理论、方法、问题导向对于非西方现实的套用）。如果观察一下几段学界名人的经典表述，我们便一目了然。

Gee & Handford（2012：1）在导言里对话语分析解说道：

> It [discourse analysis] is the study of the meanings we give to language and the actions we carry out when we use language in specific contexts. Discourse analysis is also sometimes defined as the study of language above the level of a sentence, of the ways sentences combine to create meaning, coherence, and accomplish purposes.

Wodak（2012：29）在解释其话语分析的对象、方法和目地时这样说道：

> ...the DHA [discourse-historical approach] distinguishes between three dimensions that constitute textual meanings and structures: the *topics* that are spoken/written about; the *discursive strategies* employed; and the *linguistic means* that are drawn upon to realize both topics and strategies (e.g. argumentative strategies, *topoi*, presuppositions... In this way we are able to explore how discourses, genres and texts change due to socio-political contexts, and with what effects...

Fairclough(2012:11)将话语分析中的各类"话语"概念总结为三大类:

> *Discourse* is commonly used in various senses, including (a) meaning-making as an element of the social process; (b) the language associated with a particular social field or practice (e.g. "political discourse"); (c) a way of construing aspects of the world associated with a particular social perspective (e.g. a "neo-liberal discourse of globalization").

并这样总结评判话语分析(2012:19):

> The version of CDA I have briefly presented here, and its precursors in earlier publications (e.g. Fairclough, 1992; Chouliaraki & Fairclough, 1999), are strongly focused upon shifting articulations of genres, discourses and styles in texts (interdiscursivity) and in orders of discourse.

如果非西方文化圈的学者和学生毫无文化意识和理论反思,全盘接受、(再)译介、(再)生产西方话语研究,追随西方的旨趣,来分析、评判"东方话语",不仅将渲染和巩固西方"普世"话语体系,而且会形成误判、误导,最终也将失去本土性。确切地说,西方中心主义学术话语体系的全球膨胀,至少将导致三方面后果。一是自觉或不自觉地抑制发展中世界学术的传承、发展、创新;二是消解东西方文化对话、合作、创新的可能性,使人类的知识趋于贫乏单一;三是这种饱蘸西方思维方式、价值观和旨趣的话语体系,使已经不平等、不公正、不和谐的文化话语交往秩序,以及包括在内的压制、排斥、偏见与无知,变得更加坚固和持久。

1.3 交际学、话语分析的文化批评

如果从跨文化的视角和多学科交叉的潮流去审视美西方交际学(包

括传播学、话语分析、修辞学、符号学等），那么可以更加清晰发现其异质性和独断性，以及这些问题所带来的学术局限和社会后果。

从非西方文化的视角看（Asante，2006；Miike，2009，2019；Shi，2005），交际/话语有与西方理念和礼仪不同的地方，尽管也有共通之处。比如，交际活动并非仅仅发生在人群中间；交际还可以出现在人与自然、人与神灵之间。在交际的目的和道德上，并非个人独立、并非以我为先，而是将维系和提升社会和谐作为主要标准。再从学术问题的叙述、叙事行为上看，国际主流交际学的论著往往站在普世主义立场，运用"客观""中立"口吻，罔顾非西方的世界观、价值观，忽视非西方的概念、观点、诉求，而且更是无视他们的学术传统、智慧、成果。

非西方的交际学研究则往往更加文化包容、开放，并且明确反对民族中心主义。Miike（2019: 163）这样表述自己的研究模式：

> Asiacentricity is the non-ethnocentric and non-essentialist act of placing Asian ideas and ideals at the centre of any inquiry into Asian peoples and phenomena. Asiacentricity is not ethnocentric because it does not impose an Asian worldview as the only and best frame of reference on non-Asians and take an Asian-centered standpoint to look at non-Asian cultures and communication. It is not essentialist because what constitutes Asianness is still debatable and negotiable within the Asiacentric paradigm. Nevertheless, Asiacentricity is against the marginalisation and peripherization of Asian views and values within Asian cultural contexts. It is against the ignorance and invisibility of Asian peoples from all walks of life and their enduring legacies in Asian cross-cultural comparisons and intercultural encounters.

再从"当代中国话语研究（Chinese Disourse Studies, CNDS）"（Shi，2014；施旭，2022a）的角度看，同样也可以发觉国际主流话语分析在视野上、理念上、技术上、对象上、问题上、表述上的片面性、局限性。

当代中国话语具有与美西方话语体系不同的世界观、思维方法、交

第1章 话语研究的国际图景

际原则、国际环境、运动法则等。比如，整体综合的观念、辩证联系的思维规则、和而不同的伦理、不断发展变化的规律、言不尽意的意义生成和理解策略、崇尚爱国主义的情怀……这些都是西方中心主义的"普世"话语分析的基础理论无法解释的。

就研究范围和内容而言，中国话语研究提出了一套适合中国现实的、全面、系统的分析框架，它包括六个相连的要素：(1) 对话主体（如参与个体或团体、身份、地位、社会关系等）；(2) 言语（"说的"）/行动（"做的"）；(3) 媒介（新媒体）/场域（时空选择）；(4) 目的/效果（包括原因、后果）；(5) 文化关系（如思维、价值、规则等及民族或社群的权力关系）；(6) 历史关系（如与以往相关话语的传承、排斥、创新关系）。而这些多元话语范畴，又是西方简单的、以文本言语结构为核心的话语分析方法无法涵盖的。

在从学术传统和研究经验来说，中华文明积累了丰厚的资源和工具。从古代的《易经》、儒家经典、道家哲学、中国禅宗、《文心雕龙》到现代的《修辞学发凡》《管锥编》等典籍都蕴含了深刻而有益的哲理、知识、体验、训诫、技术：阴阳、道、和、信、微言大义、言不尽意、风骨、神韵、意境、听其言而察其行、循环阐释，等等。而西方的话语分析，言必称"古希腊"、男性白色学家，中国的东方智慧、伦理和学术成果在那里是没有位置的。

当代中国话语研究，不是将自己作为封闭的系统，而是在学术交流、研究模式、理论方法、问题意识、判断评价等各方面包容开放。专注于当代中国话语，一方面将有助于更加准确全面深入地认识和理解当代中国问题（同时也是世界问题）；另一方面将有效地助力中国学界在国际领域树立民族身份和地位，以及积极地推动交际学、话语研究的文化对话，以构建一个更加多元、平等、活跃的学术园地。

第 2 章
话语研究的中国板块

在上一章里，我们从文化的角度，评估了国际主流交际学及其分支话语分析的概念、理论、方法、议题，揭示了其视野局限、理论缺失和文化后果。本章将采用文献计量分析与定性分析相结合的方式，基于中国社会科学引文索引数据库中的外国语言文学专业与新闻传播学专业期刊，绘制国内话语分析的知识图谱，梳理分析近二三十年来话语研究在中国的总体情况、研究热点和发展趋势。

2.1 国内外国语言学界的话语分析

世界范围内，话语分析俨然已经从一种语言学的研究方法，发展出自己的哲学理论认识和学术研究理论体系。20 世纪 70 年代末，话语研究传入我国，外国语言学界成为受西方话语研究影响最早、最大的学科之一。经过 40 余年的学习与探索，中国的话语研究取得了丰硕的成果，研究队伍不断壮大，研究范围不断拓展，研究内容和研究方法也不断丰富。为审视中国外国语言学界中话语研究概况，总结阶段性发展成果，挖掘其中可改进和提升之处，本部分将文献计量分析与定性分析相结合，力图掌握该领域发展的总体特征，了解该研究领域的研究热点，揭示研究内容之间的内在联系，探讨学术研究的发展趋势（国防，2016）。

在外国语言学界，中国社会科学引文索引数据库（CSSCI）中外国语言学专业期刊所刊登的研究成果，基本可以代表国内话语研究的水平。因此,我们以"话语研究""话语分析""话语"为关键词进行检索,并对检索结果进行人工核查,滤除与研究不相关的人物宣传、会议宣介、书讯、书评、稿约等文献,获得1998—2019年共702篇相关研究论文。之后,运用文献可视化计量工具CiteSpace辅助绘制该领域的知识图谱,展现该领域的信息全景,帮助识别该领域内的热点研究和前沿方向,展现知识发展的历史和现状(张星、王建华,2018)。具体操作步骤如下:(1)将转化好的CSSCI期刊数据导入CiteSpace软件,设置时间跨度为1998—2019年,时间分区(years per slice)为1年;(2)聚类词来源(term source)中选择标题(title)、摘要(abstract)、作者关键词(author keyword)和增补关键词(keyword plus),节点类型为关键词(keyword),聚类词库选择为突现词(burst term),使用"分块网络"和"兼并网络"裁剪来运行软件,得到关键词共现知识图谱;(3)探讨国内语言学界的话语研究总体情况、研究热点和发展趋势。

2.1.1 总体演进情况

本研究选取期刊数据的时间跨度是1998—2019年,因此可统计到的最早发文是1998年张德禄发表在《外语教学与研究》上的《论话语基调的范围及体现》。图2.1展示了1998—2019年外国语言学核心期刊中话语相关研究的年发文量统计。如图所示,20多年间,外国语言学中的"话语"相关研究总体上呈上升趋势,且增长幅度也呈上升趋势。然而,2006年以前,论文数量的增长速度相对缓慢,年发文量从未超过20篇。2006和2007两年,发文量增速加快,突破20篇,基本为上一时期年发文量的两倍。2008—2015年,相关研究平稳发展,年发文量维持在每年40-50篇左右的水平。2016—2019年,相关研究数量上升到更高一级水平,平均发文量稳定在60-80篇这个区间。总体看来,相关研究数量虽偶有小幅度波动,但一直呈上升趋势;"话语"在外国语言学界得到越来越多的关注,学者们也在不断拓展话语研究的适用领域。

第 2 章　话语研究的中国板块

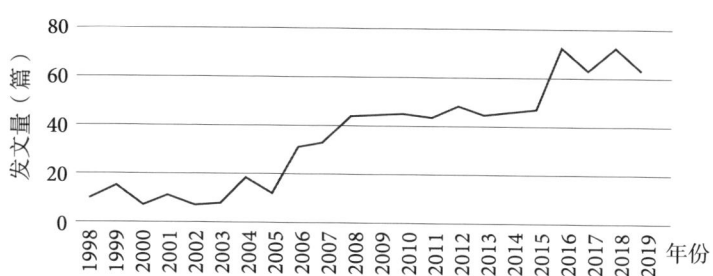

图 2.1　1998—2019 年外国语言学核心期刊中话语相关研究的年发文量统计

1. 期刊发文情况

期刊的发文量差异可为学界正在从事"话语"相关研究的学者提供一定的参考，提高稿件的录用率。图 2.2 展示了外国语言学核心期刊中话语相关研究的发文量统计。除了中国社会科学院语言研究所的《当代语言学》和华东师范大学外国语学院的《外语教学理论与实践》是季刊，其他期刊均为双月刊，每期发文量大体相等。有关话语研究的论文，黑龙江大学的《外语学刊》发文量最多，达到了 178 篇，占所有期刊的 25%。北京外国语大学的《外语与外语教学》、国防科技大学国际关系学院的《外语研究》和西安外国语大学的《外语教学》发文量属于第二梯队，分别为 92 篇、90 篇和 82 篇。高等教育出版社的《中国外语》、上海外国语大学的《外国语》、广东外语外贸大学的《现代外语》和北京外国语大学的《外语教学与研究》相关发文量分别达到了 55 篇、52 篇、43 篇和 40 篇。这些期刊是中国大陆外国语言学研究者话语分析类论文发表的主阵地，总共发表了 442 篇论文，占论文总数的 63%。此外，除了所属于高等教育出版社的《中国外语》和中国社会科学院语言研究所的《当代语言学》，其他期刊均为外语类院校或者综合类高校的外语学院主办。这些期刊所属高校的外国语言文学专业在教育部最新一轮的学科评估中都得到了"B"及以上的成绩，很多都发展了以高被引学者为核心的研究团队，比如广东外语外贸大学的外国语言学及应用语言学研究中心。此外，"外语教学中的应用研究"和"语篇分析中的应用研究"是此类期刊话语研究的主要关注点。

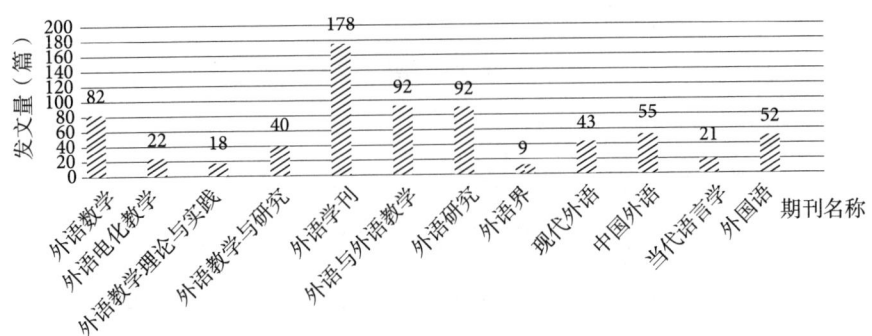

图 2.2　外国语言学核心期刊中话语相关研究的发文量统计

2. 关注度情况

　　话语研究自引入国内学界后，一直广受关注，适用领域不断拓展，研究议题不断增多，由此产生了大量有影响力的科研论文。表 2.1 列出了被引次数最多的十篇论文[1]。分析高被引论文，将帮助我们识察话语研究领域学者们的主要关注点。结合这十篇高被引论文的摘要和关键词，我们发现，多模态话语研究、教师话语、大学英语教学、话语标记语、评价理论是这类研究的主要研究对象或理论，而十篇文章中又有五篇是综述类论文。例如，《多模态话语分析的理论基础与研究方法》一文的引用次数高达 2160 次，其主要内容是论述多模态话语分析的理论基础、研究内容、研究方法，为开展多模态话语研究指明了发展方向。张德禄（2009a，2009b）、张德禄、王璐（2010）从以系统功能语言学理论为基础的综合框架构建、现代媒体技术条件下的外语教学实践、大学英语教学中的多模态协同关系等方面，对多模态话语分析做了详尽、深入的探索。这三篇论文的总被引数达到了 3550 次，张德禄教授是多模态话语研究领域的领军专家，由其担任主任的同济大学语言学与多模态符号学研究所也成为了国内多模态研究的"品牌"。周星、周韵（2002）和赵晓红（1998）关于大学英语课堂教师话语的调查与分析的论文被引用 3385 次。相较其他社会科学学科，大多数的外国语言学专业的教师都

1　被引频次数据来源于中国知网，检索时间：2020 年 3 月 14 日。

第2章 话语研究的中国板块

承担了大学英语的教学,大学英语课堂是学者们获取研究数据的重要来源。对课堂数据的研究在一定程度上是对教学实践工作的反思,能够帮助更好地开展教学工作,真正做到以研促教、以教助研、教研相长。这类研究人员总量也相对较多,也在一定程度上解释了为什么外语教学类话语研究论文的被引次数明显高于其他学科的同类型研究论文。此外,关联理论和评价理论是话语研究的常用研究理论,话语标记语也是常见的研究对象。

话语研究是学术舶来品,兴起于国外的语言学领域,而中国外国语言学界是与国外相关学界接触最早、联系最紧密的学科之一,该领域的新发展、新理论、新方法大多都是经由中国外语学界介绍到国内。但也正因为如此,很多国内的话语研究论文重视介绍国外话语研究的进展,或者在中国语境下复制国外的研究范式,导致国内话语研究的原创性稍显不足。

表2.1 外国语言学核心期刊中话语相关研究被引频次最高的期刊论文

排名	作者及单位	题名	文献来源	发表时间（年）	被引次数
1	朱永生（复旦大学外文系）	多模态话语分析的理论基础与研究方法	外语学刊	2007	2160
2	周星、周韵（浙江大学）	大学英语课堂教师话语的调查与分析	外语教学与研究	2002	1962
3	张德禄（中国海洋大学外国语学院）	多模态话语分析综合理论框架探索	中国外语	2009	1929
4	赵晓红（上海交通大学外国语学院）	大学英语阅读课教师话语的调查与分析	外语界	1998	1423
5	张德禄（中国海洋大学外国语学院）	多模态话语理论与媒体技术在外语教学中的应用	外语教学	2009	1021

（续表）

排名	作者及单位	题名	文献来源	发表时间（年）	被引次数
6	何自然、冉永平（广东外语外贸大学）	话语联系语的语用制约性	外语教学与研究	1999	833
7	张德禄、王璐（中国海洋大学外国语学院）	多模态话语模态的协同及在外语教学中的体现	外语学刊	2010	600
8	刘世铸、韩金龙（山东大学外国语学院）	新闻话语的评价系统	外语电化教学	2004	599
9	冉永平（广东外语外贸大学外国语言学及应用语言学研究中心）	话语标记语well的语用功能	外国语（上海外国语大学学报）	2003	564
10	朱永生（复旦大学外文系）	话语分析五十年：回顾与展望	外国语（上海外国语大学学报）	2003	558

2.1.2 研究热点和重点问题

文献计量研究中，论文被引关键词是反映论文核心观点的关键术语，也是论文主题的高度概括。聚类视图则帮助再现研究领域的知识结构。其中，节点大小表示文献主题、关键词与类别的出现频次，它们之间的连线表示共现强度。因而，对关键词和聚类标签结合聚类范围内的主要节点词的研究，将帮助把握话语研究领域的研究热点。图2.3是相关期刊中话语研究相关文献的关键词共现图谱。其中共有557个节点，587条连接，网络密度为0.004。从图2.3和表2.2可以看到，中心性较强的节点有"话语分析/研究""批评话语分析""话语""元话语""话语标记语"等。

第 2 章 话语研究的中国板块

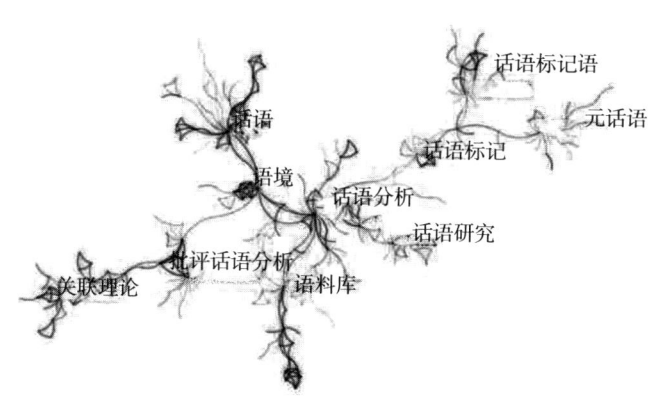

图 2.3　外国语言学核心期刊中话语研究相关文献的关键词共现图谱

表 2.2　外国语言学核心期刊中话语研究相关文献的中心性前十位的关键词

排序	关键词	频次
1	批评话语分析	53
2	话语分析／研究	44+15
3	话语	40
4	元话语	24
5	话语标记语	17
6	语料库	15
7	话语标记	12
8	意识形态	12
9	政治话语	11
10	隐喻	10

我们可以看到，在文献共词网络聚类标签视图中，网络模块化 Q 值为 0.9191>0.3，这意味着得到的网络社团结构是显著的；Silhouette 值为 0.46，这表明聚类内部的同质性不高。聚类后依次得到"文本""话语分析""批评话语分析""话语共同体""话语理解""教师话语""话

语标记（语）""趋近性""话语研究""言语行为""连贯""中介语对比分析""系统功能语言学"的聚类标签。因而，趋近性理论、系统功能语言学理论、批评话语分析理论、关联理论和言语行为理论都是我国语言学学者进行话语分析时常用的理论。从图2.4中，我们还可以看到，聚类块"文本"中的重要节点词是"话语"，这表明大部分研究的对象仍然是文本；聚类块"话语标记语"和"教师话语"突显了话语研究的主要议题；聚类块"语料库"则表明了语料库语言学和话语研究的融合发展，语料库也为话语研究提供了重要辅助。

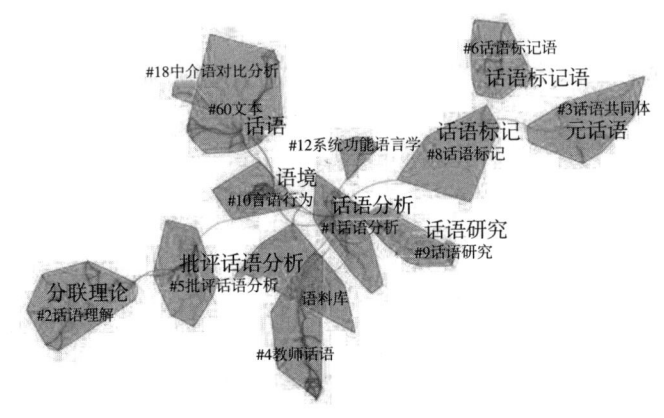

图2.4　外国语言学核心期刊中话语研究相关的文献共词网络聚类标签视图

除此之外，关键词聚类时序图谱，侧重从时间维度展现知识的演进。如图2.5所示，CiteSpace绘制出了1998—2019年话语研究热点时区可视化图谱，描绘了各研究主题的时间变化。关联理论指导下的相关研究在21世纪头10年较为兴盛；基于言语行为理论的相关研究在经历了将近20年的发展后，在2014年前后热度下降；二语习得和趋近性理论的相关研究分别兴起于2003年和2005年前后，并且热度至今未减；教师话语和话语标记语的热度持续了相当长一段时间，直到2016年左右热度才有所减退；批评话语分析及其对文本的关注始终是话语研究的主要关注点。总之，国内语言学界话语研究所使用的理论框架和方法框架变化不大，研究主题随着时代的变迁和社会发展新问题的出现有小范围的

第2章 话语研究的中国板块

扩大,比如生态话语研究、遗产话语研究。然而,需要指出,虽然国内学界尝试引进或创建部分新理论,但仅仅是对部分研究问题进行细化、对研究对象做出更为深入或全新的阐释,主流的研究主题或理论的研究热度依旧。

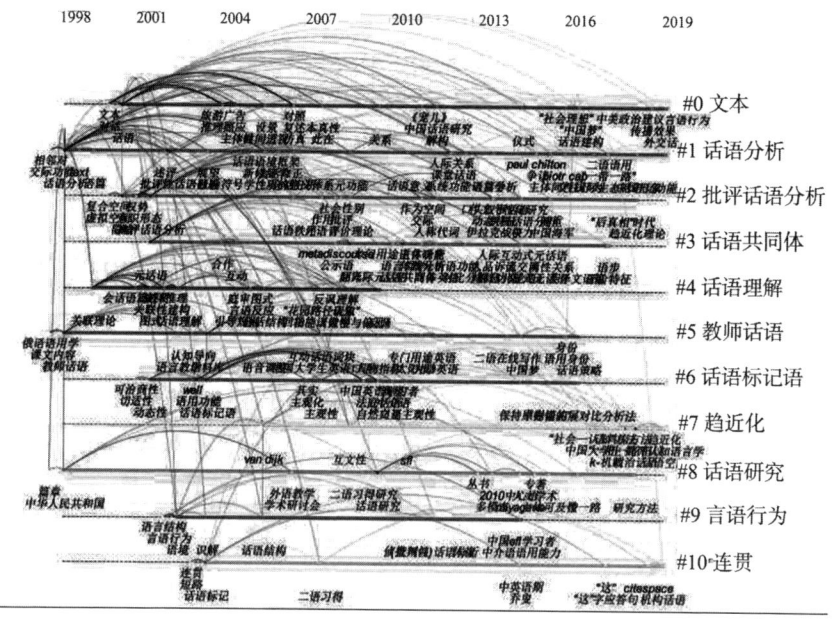

图 2.5 外国语言学核心期刊中话语研究相关文献的关键词聚类时序图谱

关键词突变图谱则表征了某一时间段内研究热点的重大转向。如图 2.6 所示,语用功能、话语标记语、批评话语分析、话语研究、话语策略等五个关键词在近 30 年的研究中存在突现情况:对语用功能、话语标记语的研究热点出现在 2007—2010 年,且强度较为接近;批评话语分析的研究热点出现在 2013—2017 年;对话语策略的重点关注开始于 2016 年,虽然与"话语研究"的突现相差一段时间,但经过 5-6 年的摸索,话语研究的重点已从话语功能转向了话语策略。

Top 5 Keywords with the Strongest Citation Bursts

Keywords	Year	Strength	Begin	End	1998-2019
语用功能	1998	4.0874	**2007**	2009	
话语标记语	1998	4.0563	**2007**	2010	
批评话语分析	1998	6.5328	**2013**	2017	
话语研究	1998	3.4934	**2013**	2016	
话语策略	1998	3.983	**2016**	2019	

图 2.6　外国语言学核心期刊中话语研究相关文献的关键词突变图谱

2.1.3　主要趋势和核心议题

　　基于文献计量分析展现的近 20 年话语研究的总体发展特征和研究热点话题，我们对其中部分重要的发展趋势与核心议题进行深入梳理与反思。

1. 多模态话语分析

　　中国学者对多模态话语分析的研究，最早开始于 2003 年。李战子（2003）在其发表的《多模式话语的社会符号学分析》一文中，对 Kress 和 Van Leeuwen 建构的视觉语法和图像分析方法进行了详细介绍，并指出了其对认识语言的社会符号特点以及英语教学的重要意义。之后，胡壮麟（2007）、朱永生（2007）和张德禄（2009a）等，对多模态研究的理论基础、研究路径和现实意义进行了评价，对推进国内的多模态话语研究起到了宏观指导作用（李战子、陆丹云，2012）。

　　在国内多模态话语研究的理论发展中，张德禄（2009a）基于系统功能语言学理论建构的多模态话语分析综合框架，包括文化、语境、意义、形式和媒体等五个层面的系统和次级分析范畴。在其 2018 年发表的论文《系统功能理论视阈下的多模态话语分析综合框架》中，张德禄再次改进了原有分析框架，提出对符号系统的认识与描写是多模态研究的先决条件。此外，改进后的分析框架强调了系统功能的一体化，突出了每个层次上对选择过程的描述，加重了对符号间性的研究，增加了对实体层的描写，突出了实体包含的该符号的供用特征对意义选择的限定作用，突出了技术性、物理性对符号选择的影响。除此之外，潘艳艳（2016）借鉴社会符号学和认知语言学的相关理论，提出了"认知—功能分析法"，从符号特征、符号意义潜式和语篇的认知机制对多模态国防语篇展开分析。

在研究实践中，多模态话语分析将话语的概念从语言、文本扩展到更宽泛的视觉、听觉、媒介等符号资源，拓展了以往只关注语言形式的话语分析视野，并较多应用于外语教学、翻译、媒体影视等话题的应用型研究之中。例如，张德禄、张时倩（2014）对多元读写能力的培养模式进行了探讨；李晶晶（2019）应用多模态批评话语分析研究了记者招待会的口译过程；潘艳艳（2020）对战争影片进行了多模态转喻批评分析；王建华（2019），郑群、张博（2015）则采用视觉语法—语用理论分别对政务新媒体照片、《经济学人》中国主题封面进行了多模态话语分析。

诚然，多模态话语分析的基本出发点是，人们在使用语言交流的同时，还会运用其他的符号手段、传意模式，如声音、音乐、图像、手势、表情等，它们互相合作，共同产生意义。但是在实际研究中，我们也需要反思，将功能语言学理论套用到非语言行为的隐喻过程是否真正合适，是否忽略了其他传意模态的特殊性及不同模态间的互联关系。

2. 批评话语分析

自 20 世纪 70 年代被提出以来，批评话语分析已经成为话语研究的重要范式。从图 2.6 关键词突变图谱中可以看到，"批评话语分析"的突现强度最高，达到了 6.5。综观这一时期有关批评话语研究的论文，我们发现，大部分研究都在讨论批评话语研究的新进展，尝试重新界定其中的核心概念、研究取向，从其他学科汲取学术养分，与其他理论对话融合，与其他社会科学研究方法互动整合，推动批评话语研究的理论创新和方法创新，并朝着多元化、跨学科方向发展。可以说，这一时期的研究是对前一时期研究发展及研究现状的梳理与反思，能够促进下一阶段研究的发展。比如，李桔元、李鸿雁（2014）重新界定了"意识形态""权力""批评"等核心概念的内涵意义以及批评话语分析和积极话语分析的关系。针对批评话语分析经常被诟病缺乏明晰性、客观性、可靠性和可验证性，郭庆民（2016）对 Fairclough 的三维分析模式和 Wodak 的话语历史方法（discourse-historical approach）进行了细化，提出了一套使分析结果可验证、客观化的分析步骤。杨熊端、丁建新（2016）通过反思民族志的发展历史，搭建起批评话语研究与民族志研究的桥梁，拓展了批评话语研究范围的同时，有效化解了人类学界所面临的"真实性"解构和"权力关系"的困境。田海龙（2017）将社会实践网络中的社会实践与所处的不同社会领域结合，提出了"纵向再情景化"和"横向再情景化"的概念，对批评话语分析的研究对象做了新的解读，提出了新的解决方案，促进了批评话语分析向纵深发展。

尽管批评话语分析在中国国内蓬勃发展，我们也要从以下几个方面有所警醒：(1) 批评话语分析在一定程度上夸大了话语建构社会的性质与作用，忽略了个体、集体、媒体的作用，也忽视了话语与（物质）世界之间的多元复杂联系；(2) 批评话语分析受到西方科学主义和二元对立思维模式的影响，将"语篇"与"语境"割裂，简单、机械地解释话语，容易导致认识和理解的简单化；(3) 在研究问题上，批评话语分析以西方学术热点为导向，疏于对东方本土问题的关注，被动参与西方强势学术话语的国际霸权，抑制了东西方学术对话的可能性（施旭，2017）。

3. 生态话语分析

近几年来，生态语言学在国内也越来越得到学界的关注，在外语类核心期刊上发表的相关学术论文数量大幅增长（何伟、魏榕，2018a）。广义上来说，生态话语分析（eco-discourse analysis）包括对生态话语的分析（the analysis of ecological discourse）和对话语的生态分析（the ecological analysis of discourse），前者的研究对象主要集中在关于生态的话语，而后者则是对各类话语中的生态因素进行研究，可以延伸至对语言系统中生态因素和非生态因素的研究（黄国文、赵蕊华，2017）。

生态话语分析的目标是探索语言与生态的互相关系和互相作用，揭示语言对各种生态关系的影响。因而，在研究中侧重对话语进行多维度、多层次的分析，包括话语背后的世界观、价值观、意识形态、话语的语义、话语的谋篇、话语的语境、话语的表述、语言的格局、语法的特点，语言与环境和语境的关系（黄国文、赵蕊华，2017）。

随着生态话语分析在国内学界的发展，学者在对生态话语分析的原则、生态观的建构中，逐渐融入中国传统哲学观念，引起了国际学界的注意。黄国文提出了和谐话语分析，他认为，"在中国语境下，'生态'不仅仅是指生命有机体与其生存环境之间的关系以及它们之间的相互关系和相互作用所形成的结构和功能的关系，而是被用来表示'和谐'，人与自然的和谐、人与人之间的和谐"（黄国文，2016：12）。因而，和谐话语分析旨在从正面的、正能量的、和谐的因素上，对自然界以及自然界中人与其他物种的关系进行审视与分析（黄国文，2018）。何伟、魏榕（2018b）认为，国际生态话语是国际关系的语言表征，进而，在汲取中国传统哲学思想与和平共处外交理念后，构建了"多元和谐，互交共生"的国际生态哲学观。此外，何伟、马子杰（2020）将此生态哲学观融入系统功能语言学的评价系统，并扩展原有评价理论的态度系统、介入系统和级差系统，尝试提出具有可操作性的生态语言学视角的评价系统。

4. 教师话语研究

教师话语研究是目前国内话语研究领域的重要研究议题。中国的外国语言学学者大多从事（过）大学外语教学工作。我国学生学习的外语绝大多数是英语，而大学英语课程是中国所有高校的公共基础课，每一名大学生都需要修学。如何提升教学质量和学生的二语习得水平一直是学者们的不懈追求，因而大学外语课堂就是最好的研究对象和研究数据来源。课堂话语具有语言特征、媒介功能和课堂管理与行为规约的语用特征（马毅、刘永兵，2013）。话语研究的对象可以细化为教师话语、学生话语、师生互动话语、课堂闲话等，涉及口语教学、写作教学和阅读教学等英语课程。对课堂教师话语的研究分析有助于指导课堂设计和课堂教学，提高教师的教学水平。比如，刘家荣、蒋宇红（2004）对一次英语口语课堂的师生话语进行了对比研究，周军平（2006）采用会话分析法分析了来自大学英语课堂的真实语料。这两个研究都发现教师通过监控教学语言和为学生创造参与课堂活动的机会，可以促进学生的二语习得。吕婷婷、王玉超（2013）调查了基于数字化资源平台的大学英语课堂话语，发现与传统课堂相比，基于数字化资源平台的大学英语教师课堂更能体现出以学习者为中心进行有效的意义协商，更注重对学习者的鼓励、引导和启发作用。此外，我国的外国语言学界受到英语国家的影响最深，以英语为研究对象或以英语专业为背景的语言学家目前是我国外国语言学研究的主力（周骞、蔡龙权，2010）。

2.2 国内新闻传播学界的话语研究

为审视近20年来，中国新闻与传播学界的话语研究阶段性发展成果，挖掘其中可改进和提升之处，本部分以"话语"为关键词，对中国社会科学引文索引数据库中新闻学与传播学专业期刊进行了检索，并对检索结果进行人工核查，滤除与研究不相关的人物宣传、机构宣介、书籍推介、稿约、会议通知等文献后，获得1998—2018年共588篇相关研究论文。研究采用CiteSpace软件生成关键词共现知识图谱，具体操作步骤如下：(1) 将转化好的CSSCI期刊数据导入CiteSpace软件，设置时间跨度为1998—2018年，时间分区为1年；(2) 聚类词来源中选择标题、摘要、作者关键词和增补关键词，节点类型为关键词，聚类词库选择为突现词，使用"分块网络"和"兼并网络"裁剪来运行软件，得到关键词共现知识图谱；(3) 探讨国内新闻学界和传播学界的话语研究总体情况、研究热点和发展趋势。

2.2.1 总体发展情况

如前文所述，在不同时期出版和发表的文献数量能够在一定程度上

第 2 章　话语研究的中国板块

反映和体现某一领域具体研究样态（陈华洲、赵耀，2019）。本研究中，新闻传播学界最早有关话语研究的发文是 1998 年王岳川发表在《现代传播（北京广播学院学报）》上的《福科：权力话语与文化理论》。图 2.7 展示了 1998—2018 年新闻学与传播学核心期刊中话语相关研究的年发文量统计。由图 2.7 可见，20 年间，新闻学与传播学中的"话语"相关研究总体呈上升趋势，且增长幅度也呈上升趋势。然而，2003 年以前，论文数量的增长相对缓慢，年发文总量均为个位数。2004—2009 年，发文量增速加快，年发文量较上一时期呈成倍增长。这主要得益于 2003 年世界著名的话语分析学者梵迪克的著作《作为话语的新闻》和费尔克拉夫的著作《话语与社会变迁》相继被翻译成中文引进。这两本译著的面世掀起了新闻传播研究中话语分析的研究热潮。2010—2012 年，相关研究发文量尽管有小的浮动但基本保持稳定，年发文量均在 35 篇左右。2013—2018 年，新闻学与传播学"话语"相关研究进入快速发展阶段，年发文量明显增多，2017 年达到最大发文量 73 篇，但 2018 年出现了较明显的下降。总体看来，相关研究在某一时期达到一定峰值后，次年通常会出现小幅下降，之后再开始新一轮增长。这表明新闻学界和传播学界相关研究越来越关注话语，话语的适用领域在不断扩大。

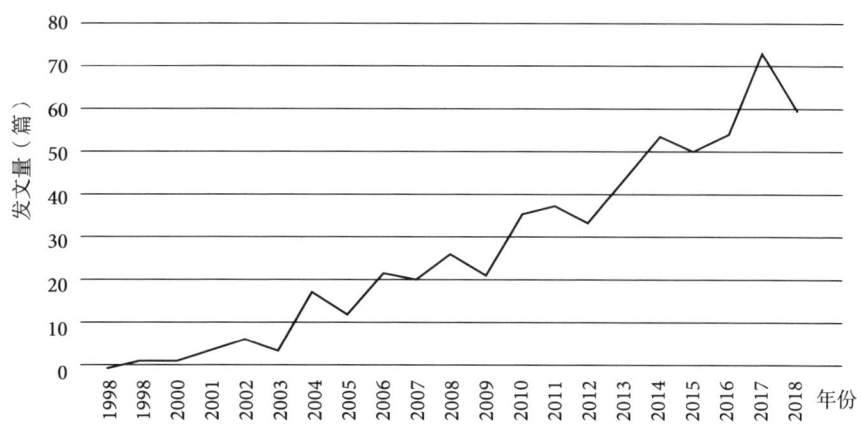

图 2.7　1998—2018 年新闻学与传播学核心期刊中话语相关研究的年发文量统计

1. 期刊发文分布

图 2.8 展示了新闻学与传播学核心期刊中话语相关研究的总发文量统计。其中《现代传播（中国传媒大学学报）》发文量最多，达到了 156 篇，《当代传播》和《国际新闻界》位列第二位和第三位，分别为 81 篇和 78 篇。出版类期刊的相关发文量相对较少，《现代出版》甚至都没有一篇相关文章。仔细研读出版类期刊的发文后发现，《出版科学》的五篇文章中，两篇是从新闻史的视角考察近代相关新闻制度的流变、报刊的社会作用（蒋进国，2018；叶建，2017）；两篇是对编辑话语的讨论（汪沛，2018；周艳，2010）；一篇是对网络热词的传播特征探讨（孙文峥，2017）。《科技与出版》总共发表了七篇文章：其中三篇文章分别从学术著作外译、高端学术图书出版、学术社交网络三个方面探寻中国学术国际传播路径（王磊 2018；许志敏，2018；张艳、何丽云，2018）；两篇探讨提高学术国际话语权的方法（刘益东，2018；张静、郑晓南，2017）；另外两篇从话语的角度给出了学术期刊运行的建议（高生文，2018；赵文义、张积玉，2011）。《编辑学报》的两篇文章：其中一篇从行政权力结构、学术权力结构、经济权力结构、话语权力结构四个方面剖析了学术期刊出版的权力结构（赵文义，2015）；另一篇从学术权力的视角对科技期刊编辑的话语权进行了讨论（吴学军等，2012）。《中国科技期刊研究》中的两篇文章均为比较研究，分别比较了科技期刊中人称代词的话语功能、地理期刊中图片的话语功能（黄大网等，2008；李军晶，2004）。出版类期刊中，《出版发行研究》和《中国出版》发表了相对较多的"话语"相关论文。然而，由于刊物的性质与定位，相关的文章主题集中在以下几个方面：出版物的海外传播策略、中国学术国际传播能力的提升路径、媒体话语的多元分析、特定领域的话语体系构建、期刊/编辑的社会功能，核心大都围绕话语权（力）。其他八种的期刊的发文量相对较多，文章的主题内容将在后文加以讨论。

第 2 章 话语研究的中国板块

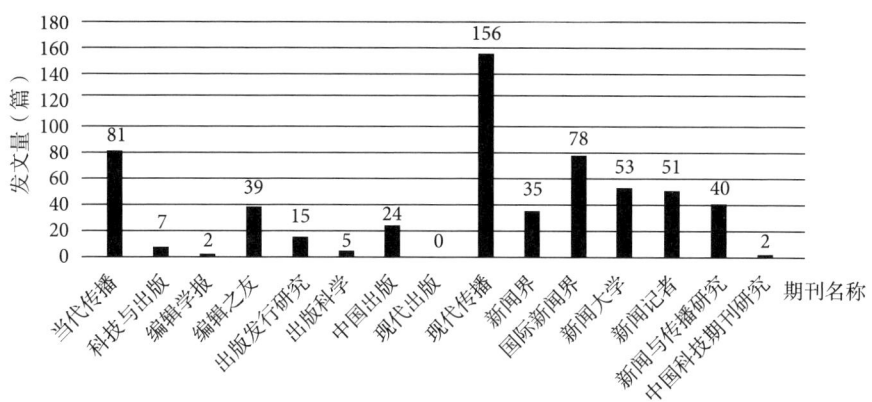

图 2.8　新闻学与传播学核心期刊中话语相关研究的发文量统计

2. 高产机构和作者

表 2.3 列出了论文发表排名前十位的高校，我们看到中国传媒大学的学者在这方面的研究最多，复旦大学、中国人民大学则屈居第二梯队，四川大学、浙江大学、暨南大学、武汉大学的发文量紧随其后。这与教育部 2018 年最新新闻传播学评估结果大体保持一致。这些高校的新闻传播学科已经发展出较为成熟的话语研究团队。

表 2.3　新闻学与传播学核心期刊中话语相关研究的论文发表前十位的机构

排名	机构及评估结果	论文数	百分比
1	中国传媒大学 (A+)	102	17.3%
2	复旦大学 (A)	67	11.4%
3	中国人民大学 (A+)	66	11.2%
4	四川大学 (B+)	46	7.8%
5	浙江大学 (B+)	44	7.5%
6	暨南大学 (A-)	42	7.1%
7	武汉大学 (A-)	40	6.8%
8	南京大学 (B+)	35	6.0%

（续表）

排名	机构及评估结果	论文数	百分比
9	华中科技大学 (A)	26	4.4%
10	清华大学 (A-)	25	4.3%

分析被引频次，可以帮助我们发现新闻传播学中话语相关研究的聚焦点。表 2.4 列出了新闻传播学期刊中，话语相关研究被引频次最高的十篇论文。其中，《新闻与传播研究》占比 40%，《国际新闻界》占比 30%，《新闻大学》占比 10%。这些期刊在专业领域内具有较高学术引领力，在引领学科发展、促进学术交流上发挥着示范性的作用。我们从排名前十的高被引文献的篇名可以看到，话语权、话语空间、新闻话语、大众传媒、环境传播是这类研究的焦点或领域。随着时间的推移，研究关注点不断在向新兴话语空间中的话语互动、新媒体创新传播形式、大众传媒中的话语建构等多领域拓展。当代中国发展的特殊性促进了传播研究的本土化，研究越来越聚焦于当下中国发展的公共问题，这也是中国新闻传播学者社会责任感与时代担当精神的体现。

表 2.4　被引频次最高的期刊论文[1]

排名	作者及单位	题名	文献来源	发表时间（年）	被引次数
1	姜红（安徽大学新闻学系）	大众传媒与社会性别	新闻与传播研究	2000	183
2	丁和根（南京大学新闻传播学系）	大众传媒话语分析的理论、对象与方法	新闻与传播研究	2004	170
3	何舟、陈先红（香港城市大学媒体与传播系）	双重话语空间：公共危机传播中的中国官方与非官方话语互动模式研究	国际新闻界	2010	161

---

[1] 被引频次数据来源于中国知网，检索时间为 2020 年 2 月 29 日。被引单位为第一作者/通讯作者单位。

（续表）

排名	作者及单位	题名	文献来源	发表时间（年）	被引次数
4	赵云泽、付冰清（中国人民大学新闻学院）	当下中国网络话语权的社会阶层结构分析	国际新闻界	2010	150
5	卫夙瑾（中国人民大学新闻学院）	大众传媒与农民话语权——从农民工"跳楼秀"谈起	新闻与传播研究	2004	144
6	刘涛（西北师范大学教育技术与传播学院）	环境传播的九大研究领域(1938—2007)：话语、权力与政治的解读视角	新闻大学	2009	134
7	曾庆香、黄春平、肖赞军（中国传媒大学新闻传播学院）	谁在新闻中说话——论新闻的话语主体	新闻与传播研究	2005	111
8	潘忠党、陆晔（威斯康星大学—麦迪逊校区传播艺术系）	走向公共：新闻专业主义再出发	国际新闻界	2017	104
9	郑满宁（中国政法大学光明新闻传播学院）	网络表情包的流行与话语空间的转向	编辑之友	2016	97
10	黄敏（华东师范大学中文系）	"新闻作为话语"——新闻报道话语分析的一个实例	新闻大学	2004	94

2.2.2 研究热点

图 2.9 展现了文献共词网络聚类标签视图，图中共有 501 个节点，505 条连接，网络密度为 0.004。网络模块化 Q 值为 0.8678>0.3，这意味着得到的网络社团结构是显著的。Silhouette 值为 0.4527，这表明聚类内部的同质性不高。

图 2.9 新闻学与传播学核心期刊中话语研究相关的文献共词网络聚类标签视图

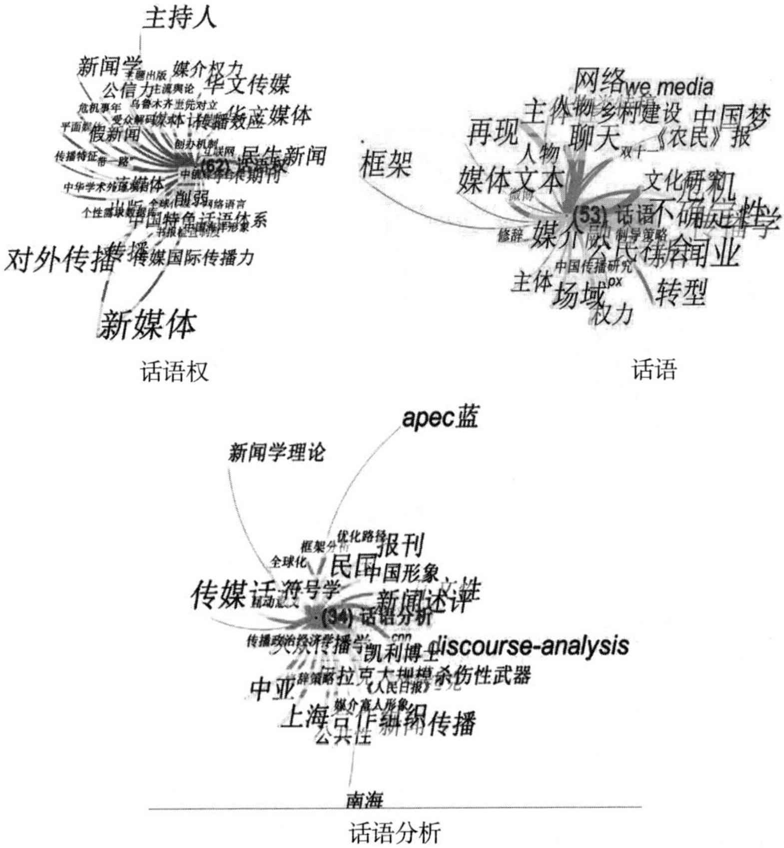

图 2.10 新闻学与传播学核心期刊中话语研究相关文献的重要节点共词网络视图

第 2 章 话语研究的中国板块

如前文所述，文献计量研究中的节点代表关键词，节点的大小与出现频次的高低成正比。节点之间的连线代表它们之间的关联程度，连线的粗细与关联程度的高低成正比。指示节点的字体大小代表中心性强弱。从图 2.9 和图 2.10 可以看到，中心性最强的节点是"话语权""话语""话语分析"："话语权"与新媒体、新闻话语和国际传播的关联度相对较高，"话语"与微博、新闻业、框架和政治传播的关联度相对较高，"话语分析"与范迪克、报刊、新闻述评、新闻传播的关联度相对较高。

表 2.5 展示了中心性排名前 16 位的关键词。从表中可以看出，新闻传播学中话语研究多以大众传媒为研究视域，主要以新媒体、社交媒体为研究对象，大多围绕权力和意识形态展开讨论。如何增强国际传播能力、提高大众传播的有效性是该领域研究的重要热点。其中，政治传播的各个环节也都是该领域话语研究的重要关注点。

表 2.5 新闻学与传播学核心期刊中话语研究相关文献的中心性排名前 16 位的关键词

排序	关键词	频数	排序	关键词	频数
1	话语权	62	9	国际话语权	8
2	话语	53	10	话语体系	8
3	话语分析	34	11	话语策略	8
4	媒介话语	12	12	政治话语	7
5	新闻话语	12	13	意识形态	7
6	新媒体	12	14	舆论监督	6
7	社交媒体	9	15	话语方式	6
8	国际传播	9	16	政治传播	6

2.2.3 研究趋势及核心议题

自动聚类标签视图是在 CiteSpace 知识图谱默认视图基础上，通过谱聚类算法生成知识聚类，再通过算法从引用聚类的相关施引文献中提取标签词，以此表征对应于一定知识基础研究前沿（陈悦等，2014）。为识别话语研究在该领域中的研究热点和发展趋势，我们对新闻传播学核心期刊中的话语相关研究的知识图谱进行深入挖掘，聚类后依次得到"（网络空间）话语权""（中国媒体）话语""（新闻叙事）话语分析""中国传播研究""大众传播（话语空间）""（网络监管）话语权力""话语规则""（网络空间）文化现象""话语信任（机制）"的聚类标签[1]。绝大多数标签的最终落脚点都是网络空间治理这个主题，其中最大的聚类为"（中国媒体）话语"，节点数为 259 个。这些研究领域一定程度上代表了当前的研究热点和前沿。然而，从图中可以看到，形成聚类的节点关联松散，密度不高。这表明此类型研究的主题相对零散，学者的专注度一般，需要进一步展开细致、系统、深入的探索。

研读关键节点所对应的相关文献和引用 50 次以上的文献后发现，新闻学与传播学中话语相关的研究议题主要集中在以下五个方面：

首先，大众传播研究占据绝对领先地位。陈汝东（2008）认为，大众传播学领域中的话语研究势头强劲是因为话语是信息传播的主要媒介之一。这其中包含对话语主体、话语内容和话语策略等的具体分析，即一定话语空间内以话语为主要载体和表现形式的权力互动、竞争与博弈。这类研究中，曾庆香等（2005）从话语视角考查了新闻来源对新闻话语生成产生的影响，认为新闻来源才是真实的新闻话语主体。陈岳芬、李立（2012）分析了宜黄拆迁事件中的三方话语——《南方都市报》的媒介话语、宜黄官方话语以及新浪微博直播"机场围堵战"和"女厕攻防战"的民间话语，认为话语既反映社会现实，又建构社会现实。董天策等（2013）分析了《人民日报》官方微博中发表的新闻评论，从"文本"和"语境"两个视角对其话语策略进行了细致挖掘。孙金波、范红霞（2013）以具体的媒介报道案例为语料，通过对媒介话语的分析，发现女性身体成为受辱与反抗的双重之域。李道荣、徐剑飞（2015）分析了《人民日报》2010—2012 年有关农民工政策的报道，认为应该给农民工群体拓展足够的话语空间来表达意见。

其次，危机传播是话语研究的重要研究议题之一。田大宪（2007）

---

1 聚类标签根据中英文两个版本整理而成。括号内为聚类标签的英文版翻译。

第 2 章 话语研究的中国板块

探索了网络流言在危机传播中的影响,张明、靖鸣(2006)以松花江污染危机事件为研究案例,分析了政府新闻发布在危机公关方面的问题。何舟、陈先红(2010)对公共危机传播中的中国官方与非官方话语互动模式进行研究。这类研究能够为我国近年的网络空间治理提供学术参考。

再次,新闻业的转型发展话语也成为新兴研究热点。新闻业的转型促使传播学者思考行业和从业人员的未来发展。比如,白红义(2014)、丁方舟(2015)、李艳红、陈鹏(2016)分别通过分析新闻业者关于新闻业的"热点时刻"(报人江艺平退休)、"理想"与"新媒体"、数字化挑战的话语,探讨中国媒体业态以及相应的传播生态。白红义(2017)还通过分析关于新闻传播业所面临危机(停刊)的新闻报道、评论和网络讨论,探讨了新闻业的未来发展。

再者,中国政治传播研究受到学者较多的关注。正如何舟(2008)所言,中国媒体在传播政治信息和与政治权力的共生关系上,扮演着十分积极的角色,因而中国政治传播的特殊性催生了许多相关研究。比如,刘煜、张红军(2018)运用多模态话语分析的方法对政论纪录片中的国家形象进行了剖析。许正林、王卓轩(2018)对中国共产党的政党形象对外传播实践与理论做了历时的梳理。孙有中、胡洁(2017)考查了一定时期内《南华早报》在构建国家认同的话语特征与媒介框架策略。吴小坤、李喆(2016)分析西方关于中国阅兵的媒体报道后发现,中国阅兵礼在西方舆论场中的国家意义有权力、仪式及情感三个维度的共同话语框架。

最后,随着对生态环境重视程度的提高,环境传播成为了一个新的热点议题。刘涛(2009)通过对 1938—2007 年西方 1041 篇关于环境传播的研究文献进行内容分析,总结出环境传播的九大研究领域,对我国的环境传播研究具有极为重要的借鉴意义,其中话语承担了不可忽视的分量。

2.3 小结

话语研究在中国近 20 年的蓬勃发展反映了话语研究的发散性,证明了话语研究的重要性，也展示了话语研究空间的广阔性，这都验证了王晓军（2011）的预测——话语研究的多学科整合趋势。综合来看，我国的话语研究发展迅速、卓有成效，话语研究范式逐渐由语言层面扩展到文化等诸多领域，呈现出"从话语内部走向话语秩序、话语文化和话语文明，从个体或群体话语走向国家话语，从国内话语走向国际话语"的趋势；逐渐由微观的学术层面向中国媒体的语用策略、成因拓展，由新闻宣传层面上升到执政党的政治理论和思想路线层面，逐渐扩展到政治、经济、文化等诸多领域（陈汝东，2015）。社会科学的话语转向标志着话语研究对象和范围的扩大；语言学领域的话语研究也开始突破话语的语言层面分析，借助其他学科知识深入考查话语的非语言属性。近年来国家社科基金关于话语研究的立项数目也有较大幅度提高。2013年以前，每年批准立项的项目都没有超过20项，高校项目往往在10项以下；2013—2019年，话语相关研究的立项逐年增加，到2019年已经达到了80多项，涉及的学科从语言学延展到新闻传播学、国际关系学、体育学、马列主义等学科。

  回顾话语研究在国内的发展，我们可以看到多元的研究范式、多样化的研究方法和丰富的研究议题，增进了话语研究的多学科视野与跨学科发展。传统的语篇分析、文本分析逐渐与语料库、数据挖掘、田野调查、小组访谈及其他社会科学研究方法相结合，增强了研究设计的科学性与客观性，也在一定程度上扩大了研究结果的适用范围，不同学科研究框架的结合也推动了话语研究的融合发展。此外，对社会现实问题的关注延展了话语研究的范围，为社会科学不同学科间的对话、思想碰撞创造了平台。在语言学领域，话语研究突破了对传统语篇结构、功能、意义的探讨，逐渐关注交际实践、身份建构、意识形态与权势的不平等关系等方面，强调宏观的社会、文化、历史或情景语境对话语的建构，突出了话语自身的建构性、权力性、媒体性、对话性、历史性和文化性，扩大了话语研究的内涵与外沿。在新闻传播学领域，批评话语分析与福柯的权力话语理论为媒介话语研究提供了一套成体系的理论框架和研究方法。但随着媒介生态的重大变化，传播结构与传播型态都经历着重要变革，新媒体话语研究、民间话语研究、数据新闻话语研究也表现出蓬勃的生命力。

第 2 章　话语研究的中国板块

即便如此，我们仍然要意识到，无论是话语研究还是新闻传播学，都是 20 世纪 60-70 年代的舶来品，其理论在中国学界与中国社会实践中的适应性仍待反思。各民族、各社群的话语体现了不同的交际方式，它们之间存在着权势张力（竞争、合作、交错），因而西方理论难以完美地阐释中国发展的特殊性和指导中国的社会实践。越来越多的学者已经开始修正西方话语分析理论，探索话语研究的本土化路径（郭庆民，2016；施旭，2017，2022a；武建国，2015），以期提升中国学术的自主性、自觉性和自信心。

# 第 3 章
话语研究的文化转向

近几十年来,无论是总体的交际学,还是个体的话语研究,在学科、对象和问题上都有了显著的拓展。比如,信息科学的加入使媒介网络成为新对象;计算机方法的加入使语料的数量和分析的数据有了大大的增加;社会心理学的加入使关于认知和情感表述的性质成为新问题。然而,无论研究的对象和问题、运用的理论和方法,还是研究的主体本身,乃至形成的国际学术话语秩序,都未能反映人类文化的多样性和复杂性,因此也未能切实应对现实世界的需求。恰恰相反,以普世面貌呈现的研究体系实际上让西方的旨趣和观念掩盖了非西方世界的现实,同时也抑制了人类学术的文化多元发展创新。那么,本章的内容和目标则是要展示一种超越以普世主义为名、西方中心主义为实的交际研究的新思潮、新范式和新平台——文化话语研究(cultural discourse studies)。这是一种在全球范围渐渐兴起的潮流,而我国是该领域的创立者、引领者、推动者和建设者。

3.1 交际学的文化局限

活跃在当今社会科学中的交际学是在 20 世纪英美西方修辞学、语言学、社会学、心理学、批判理论、文学研究等学科影响下形成的广阔而独立的学科,包括不同但相联的分支,如传播学(重媒体分析)、新闻学(重信息分析)和话语分析(重文本分析)等。

交际学从普世主义立场出发,叙述西方的概念、理论、价值、原则、方法和问题,并依托西方的经济、政治、科教和传播强势,在国际学术界形成了一套文化霸权的话语体系。在效果上，它遮蔽了人类交际的文化性，即话语体系之间的异质多元性和权力竞争性，维系并巩固了东方主义偏见和歧视，抑制了东方民族学术的传承与发展，也排除了交际学文化多元对话创新的可能性。

以传播学为例。纵观国际传播学的中国问题研究（近年的关注度显著提高），议题多集中在"政府如何控制网络媒体""网民如何运用社交媒体应对政府""意识形态如何为政权服务""中国如何运用媒体谋求利益/损害他国""中国媒体与'正统'的区别"（施旭，2018b）。这类学术不仅反映了很强的选题偏向（对改革开放40多年以来的巨变置若罔闻），更显示出了很深的预设偏见（"政府与民众是对立的""政府的目标是维护政权""国家唯利是图"等，并未给出理性依据）。目前，国内高校的新闻学、传播学教学内容中，西方学者的论著，无论理论的、方法的还是实证的，都占据了主要地位。更关键的问题在于，学者们采取普世主义、客观主义立场，几乎完全忽视或排除了其他文化圈的理论、实践和关切。

话语分析的情况也类似。尽管话语分析有不同分支，但如同第一章所示，普遍具有西方文化的偏向和西方中心主义的效应。在后现代主义、社会建构主义、"语言转向"等思潮影响下，出现不少关于"语言构建现实""语言施展权力"的分析，引起了其他学科的关注。但是这类分析拘泥书面、口头文本（text，又称"语篇"），解读个别语言结构的内容（如语义）、成因（如"意识形态"、社会结构）、功能（如"目的""意图"），却将"语境"（context）排除在调查、剖析、解读范围之外，只当其为阐释文本的现成工具。这反映了以下方面：（1）西方二元对立的思维方式——割裂文本和语境，拔高前者，轻视后者，也便于从单一的语言学视角操作；（2）西方个人主义的价值观和视角——将话语看作言说者单向度的、以己为中心的文本生成，而忽视对方的理解和反应、交际双方的互动对话；（3）普世的立场——将西方的概念（比如text、context）、理论（比如认知理论、社会建构主义理论、功能主义理论）、价值（比如"民主""自由"）、原则（比如解读语言结构与语境的因果关系）、方法（比如语言学、语用学）、问题（比如预设条件、身份认同）当作话语研究的普适标准，又借助西方经济资本和文化资本的优势，通

第 3 章 话语研究的文化转向

过教科书、标杆期刊、网络传播、(主旨)演讲、留学深造等途径,形成了一个单向度的(从西方大都市传播到东方世界)、被盲目膜拜的霸权话语体系(Alatas,2006;Miike,2009;Shi,2009;Thussu,2006;施旭,2022a;张莉,2017)。对于非西方语境下的话语实践来说,这一系统可能忽视了其他本土文化范式中的概念、理论、价值观、原则和问题。也因为同样的原因,东方世界的学术资源和遗产可能被忘却、受侵蚀。而一味地拿西方视角来透视东方世界的"现象"和"问题",不仅只能重复陈旧的东方主义"知识",甚至可能巩固殖民主义偏见和歧视。更为严重的是,将研究目标局限在语言,放弃对语境问题的解构,疏于对语篇和语境的综合辩证判断,最终也不可能触及和解决实际问题。

3.2 从交际学到文化话语研究

如今,在(逆)全球化、本土化、多元化、多极化、网络化、智能化背景下,破解文化问题的必要性、急迫性变得愈加突出。后现代主义、后殖民主义、文化多元主义后浪推前浪,也鞭策着学术研究的本土化、本土全球化、文化多元化。话语、传播、交际研究的方向在哪里?突围和创新的基础、路径、条件有哪些?本部分通过相关学术历史的回顾、理论的分析和实践的考量,展示国内外关于交际学兴起的一种新思潮、新范式和新平台——文化话语研究。作为新思潮,它关注人类交际的文化差异关系和权力关系;作为新范式,它筹划和提供文化多元主义研究体系的建设方略;作为新平台,它助力关于文化话语研究的交流与合作。

3.2.1 作为学术思潮的文化话语研究

进入 21 世纪以来,部分研究语言、修辞、交际、传播、话语的学者不满于交际学的西方中心主义倾向;同时出于对世界不同文化,尤其是被边缘的文化圈的关切,他们选择面向新课题、新知识、新机遇、新挑战，通过跨学科、跨文化、跨历史的路径，探索文化对话的基础与路径、文化竞争的理论与对策、文化发展的目标与策略。进而，产出了一批以突破西方藩篱、传承东方智慧、关怀本土需求、追求文化创新为特征的学术成果，形成了交际学中的多元文化主义的新思潮，它们大致可以划分为三种类型。

1. 文化共有观念

它认为文化普遍地存在于人类交际之中，反映在不同文化圈所使用的交际准则和信号之中，只不过在不同社群之间存在一定的差异，而研究的目的正是要发掘这种系统性差异（Carbaugh, 2017; Carey, 2008; Scollo, 2011）。虽然这种范式从人类交际普遍性出发，把注意力指向了人类交际的差异性，但是对不同文化系统间的（多元复杂）关系却避而不谈，因而遮蔽了不同文化体系间的权力张力关系。这其中的代表，交际民俗学（Cultural Discourse Analysis / Ethnography of Communication）(Bauman & Sherzer, 1974; Carbaugh, 2007a; Gumperz & Hymes, 1986; Hymes, 1962; Phillipson, 1992; Saville-Troike, 2003）虽然具有较为全面和整体的话语观，认为交际具有文化差异，并具有相当系统的分析模式，但是它既缺乏对于文化话语间关系（包括辩证、互动、权力关系）的考量，也缺乏明确的历史观。因此，在研究对象、焦点和目标上，它对特定话语社群的研究有余，而对不同话语社群间的竞争关系研究不足。

2. 文化特有观念

它认为文化各不相同，并反映在不同文化的思维方式、核心概念、世界观、价值观等的差异中。这类研究一方面旨在建立特定文化圈的独立交际理论，如亚洲理论、非洲理论；另一方面也通过发掘与西方理论的差异，消解西方中心主义的影响（Asante, 2006; Miike, 2009; Xiao & Chen, 2009）。虽然这一思潮重申和凸显了被西方理论压制的非西方交际的异质性，但是它也同样避开了对不同文化之间交际的各类互动关系的探讨（包括权力压迫/反抗关系问题），除此之外，也没有回答这些

第3章 话语研究的文化转向

不同交际体系的共性问题、共处问题。

3. 文化互动观念

虽然与前两类在交际的文化性问题上有相交和认同,但是它明确地强调"文化话语(体系)"间的互动关系,特别是关注其中的权力关系(Pardo, 2010; Prah, 2010; Shi, 2005, 2009, 2014; Shi et al., 2016)。然而,尽管这是一套涉及全球人类交际的研究体系,这里并不自认为其观念是普世性的、垄断性的。换言之,既然人类交际的不同文化话语体系间存在权力关系,那么相关的学术话语体系也是开放性的、对话性的、批判性的、竞争性的。而文化话语研究是本书的基础,更是本章的核心,那么下面就转入其作为学术范式的讨论。

3.2.2 作为学术范式的文化话语研究

从历史的角度上看,文化话语研究的形成,一方面是受到了后现代主义、后殖民主义以及文化研究(包括反种族歧视研究、女权主义研究)的影响;另一方面也受到了亚非拉/东方的学术成果和文化智慧的启发;而更重要的是,受到了人类多元文化现实的驱动;同时也受到了发展中世界争取民族文化自由、平等与发展之理想的激励。

文化话语研究的对象是这样定义的:话语是在一定历史和文化关系中,以语言(比如中文)及媒介(比如新媒体)使用为特点的社会交际实践(施旭,2017)。这种实践可以是单一的,比如中美领导人关于贸易问题的一次谈话;也可以是集合的,比如一段时间内中美两国不同团体就经贸问题进行的各种交流。

作为社交实践的话语由六大要素组成:(1)对话主体(如参与个体或团体、身份、地位、社会关系等);(2)言语/行动;(3)媒介(如新媒体)/场域(如时空选择);(4)目的/效果(包括原因、后果);(5)文化关系(如思维、价值、规则等及民族或社群的权力关系);(6)历史关系(如与以往相关话语的传承、排斥、创新关系)。

文化话语研究的基本预设是,全球人类交际系统由不同族群的交际实践子系统组成;它们并非相互统一,更非相互平等;恰恰相反,这些交际子系统的根本属性是文化性,我们称之为"话语"(discourses)。据此,我们可以说"中国/亚洲/发展中世界/东方话语"。这也是我们的模式取名为"文化话语研究"的重要原因。

当代学术界(如人类学、文化学、心理学、传播学、跨文化交际学、话语分析、语言学等)对文化有不同的定义和概念(Baldwin et al., 2006;Hartley, 2002)。比较流行的观点有两大类。一类观点将文化看作观念、价值、规则、符号、习惯、机构系统,它客观存在于民族、社群、国家等不同社会组织的实践之中,具有影响、指导社会行动的功能(Scollon & Scollon, 2000;Swidler, 1986)。不同文化之间的关系是平行和平等的,没有权势强弱之分,因此不存在权力利益之争。这是一种结构主义思维。另一类是把文化看作意义争夺的场域,即东西方文化差异如同其他社会现实,都是通过符号构建的产物,充斥着权力和利益关系(Askehave & Holmgreen, 2011;Barinaga, 2007;Collier, 2000)。这是一种"后现代主义"思维。

文化话语研究采取一种综合的进路。在这里,文化既不是本质的、客观的,也不是虚幻的、主观的;而既是物质的,也是精神的,即在特定历史条件下,交际主体(包括身份、地位)、思维方式、规律规则、概念理论、价值观、媒介工具、目标策略等要素综合实践的产物。

话语的文化性有两层含义:(1)历史形成的族群的话语之间存在着重要差异关系,反映在主体身份、思维方式、世界观、概念、价值观、行动规则、交际工具、语境等方面;(2)历史形成的族群的话语之间存在着某种互动关系(如借鉴、对话、渗透、融合),其中最值得关注的是权势关系(如合作、竞争、压迫、抵抗)。学术话语也同样存在这种文化性,即各民族的学术话语有自己的概念、理论、方法和问题意识,而且这些话语体系之间有权力竞争或合作的关系、权势不平衡的状况;西方传统学术话语体系是世界话语秩序中的强势一方,不能普遍适用于世界其他情形。因为文化渗透和贯穿于话语,研究话语即研究文化。

那么,如何去理解不同文化的话语(包括学术话语)之间的关系及历史发展走向呢?文化话语研究的观点是作为多元文化交际实践的话语,通过相互不断的矛盾运动,螺旋式地从文明的低层次走向更高的水

第3章 话语研究的文化转向

平。该命题分为三层意思:(1)不同文化的话语可以被看作是具有"家族相似性"(family resemblances)的聚合体;它们之间有不相称的同一性。因此,尽管东西方话语有差异性,但是它们有条件、有可能进行对话。(2)它们处于相互作用(比如相互竞争、相互合作)的动态权力关系之中。例如中美话语,不是处于简单的平行平等关系中,它们之间存在着诸多矛盾和斗争。(3)人类交际中的权力互动秩序不是永恒的;持续了几个世纪的美国西方话语的主导地位不会永远不变;在如同阴、阳两极的矛盾循环运动中,"不是西风压倒东风,就是东风压倒西风"。然而,每一次的话语秩序的更迭,都是走向更高水平的权力平衡。人类话语秩序同构世界秩序,这也意味着人类将不断走向更高水平的文明。

不同社会群体、不同实践领域、不同事业目标,需要依托不同的话语体系;话语实践的成功与否,很大程度上受话语体系的影响,甚至取决于话语体系的状况。话语体系,是指特定社会群体在特定的社会领域就某个问题或目标,进行话语实践所依托的思想体系和实践体系的统筹系统。一般地说,交际实践体系包括集团、组织、机构、手段、设备、渠道等,本质上是物质性的、动力性的,是话语实践的"肌肉骨骼系统";思想体系包括相关的概念、价值、理论、策略,本质上是精神性、观念性的,是话语实践的"思维神经系统"。换言之,话语体系在功能上构成、支撑、引导特定群体的话语实践。如同作为子系统的文化和文化话语是关系性的,一个话语体系与其他话语体系也形成一定的互动关系。因而,本身也具有开放性、变化性。一个文化圈内的话语体系,具有一定的共性,也有一定的个性,如当代中国话语系统中的政治、经济、外交、国防、科技、法律、卫生话语体系。

社会生活离不开话语;社会实践往往是以话语形式完成的。话语贯穿政治、经济、外交、国防、教育、科技、艺术、法律和宗教的全过程,甚至占据主要位置。朋友交流、信息查询、读书看报、商业谈判、产品推销、工作汇报、课堂教学、法庭裁决、国际合作、反恐维稳、推行(逆)全球化,如此等等,都缺少不了话语。从这个角度来看,话语构成社会生活。

我们的研究对象不是孤立的语言、媒介、心理、社会、文化现象,而是现当代生活多元要素组成的社交现象,比如大众传播、文学欣赏、教育训练、商业广告、科学发明、法律审判、公共卫生、国防建设等文化实践活动。显而易见,这些交际活动往往与社会、文化、心理、历史、政治、经济、法律、军事等因素有所联系。因此,相关的具体研究必然是跨学科的、跨文化的。

文化话语研究重视和强调话语的实践性、文化性和历史性。这些独特性尤其表现在文化话语研究秉持的原则上:(1)在研究对象和问题上,聚焦历史、当下和未来话语实践,以揭示不同文化之间的矛盾、找到化解矛盾的方法、提出话语促进文化和谐的战略与策略;(2)在理论上,重点关照人类话语的文化多元性、文化竞争性以及未来发展趋势,这尤其意味着关注弱势文化群体的利益、困境与期望和相关的话语霸权,以实现人类文化自由、和谐与繁荣的终极目标;(3)在研究方法上,运用跨语言、跨学科、跨历史和跨文化的整体多元辩证开放视角,采取文化多元、平等、和谐的政治标准;(4)在研究范式的发展上,发掘、构建非西方、南半球话语的研究体系,推动、参与不同文化范式间的批评与对话,消解国际话语研究的文化隔阂与偏见,实现人类话语学术的繁荣与创新。这些原则也反映了文化话语研究者的使命、作用以及与其他社会科学领域学者的差异性。

基于交际学的局限、国际社会的困境、多元文化主义的涌动,文化话语研究建立了自己的学术方向。它急切关心的重点问题包括:人类不同文化的话语具有什么样的性质、特点、差异和规律?它们之间有什么样的权势关系?各有什么优点、缺点?应该如何相互借鉴、合作?相关话语社群如何交往、合作和竞争,又如何通过话语改变自身和世界?人类文化不同的话语——包括它们相互的权势关系,应该如何去认识、描述和评价?如何推动话语研究的文化多元对话与批评,进而实现话语研究的创新与提高?这些都是文化话语研究要共同回答的实证问题、方法问题和(元)理论问题(Shi, 2015)。文化话语研究的目的就是要从文化自觉和文化政治的高度,去揭示人类话语的文化特点和文化困境,发掘义化和谐共存的方法和路径。

在具体的分析问题上(比如对于特定的文化话语,包括当代中国话语、中国外贸话语、中国公共卫生话语等),研究者特别注重回答六个

第3章 话语研究的文化转向

方面的问题:(1)谁(不)在说话?具有怎样的身份和地位?(2)(没)说什么,如何说的?做了吗?做了什么?(3)如何运用媒介?在怎样的场域中?(4)为了什么?产生怎样的影响?(5)上述各项有什么样的历史关系?(6)上述各项有什么样的文化关系?当然,每一类问题还需要根据具体的研究目的、材料性质进行调整。

为回答这些问题,在方法论上,文化话语研究也有独特的原则:(1)选取不同语境的材料(比如正式的和非正式的、一手的和二手的);(2)兼用定性和定量手段;(3)综合分析话语实践的多方面(比如交际主体、行为意旨、媒介使用、文化关系、历史关系);(4)根据材料性质和研究目的灵活选用相关学科的概念和技术;(5)将研究结论作为暂时的知识,可以通过交流对话、深入研究得到改进。

在此原则性方法基础上,文化话语研究还提出四类方法进路:(1)文化内向分析法——探索特定文化社群内部的话语结构、内容、规律、特点,包括内部的复杂性、内外文化的互动关系等;(2)文化共性分析法——探索不同文化社群话语体系之间的共同点;(3)文化差异分析法——探索不同文化社群话语体系之间的不同点;(4)文化互动分析法——探索不同文化社群话语体系之间的互动关系,尤其是其中的权力行为和权势状况。

在分析过程中还必须注意,这些分析范畴之间的关系不是相互对立的,而是辩证的。在对话主体与言语行动的关系上,中华文化有"不知言,无以知人也"(《论语·尧曰》)、"听其言而察其行"(《论语·公冶长》)、"文如其人"(出自宋·苏轼《答张文潜书》)、"人微言轻"(出自南朝·宋·范晔《后汉书·孟尝传》)的认识。用汉语还是外语,反映的文化权势关系不一样。新媒体改变了交际效果和社会关系。因此,在阐释路径上,研究者应该注意范畴之间的联系性,求得循环阐释。

3.2.3 作为学术平台的文化话语研究

除了作为学术思潮和学术范式,文化话语研究还提供了本学科发展的国际交流平台。突破了交际学界西方中心主义的权威藩篱,文化话语研究结集了越来越多的发展中国家和地区/第三世界/南半球学者和研究生，他们也成为该领域国际论著的作者、国际会议的参加者。作为国际组织机制，文化话语研究于2004年成立了国际学会——International Association of Multicultural Discourses。与此相关，文化话语研究有专门的国际学术期刊——《话语与多元文化》(*Journal of Multicultural Discourses*)。该刊由施旭主编，2015年第一批进入"新兴来源检索索引"（ESCI）系统，目前已出版14卷，聚集了本领域的核心文章。除了文章交流园地，也有著作出版渠道，《文化话语研究》(*Cultural Discourse Studies*) 丛书。该丛书由施旭主编，目前已出版六部专著。另外，两年一届的国际学术会议——International Conference on Multicultural Discourses，已分别在中国、巴西、荷兰等国召开了六届。最后，文化话语研究有自己的学术网站。

在这个国际大平台上，可以看到研究亚非拉等不同文化圈的话语、构建东方话语研究范式、解构话语学术文化霸权、探究话语学术文化对话的大量论文和书籍。它们揭露主流学术体系的西方中心主义缺陷与后果，挖掘东方话语体系的特征与问题，凸显东方话语社群的身份与位置，开拓东方学术发展的战略与策略。比如，亚洲学者提出，亚洲人受儒家文化的影响，将社会和谐作为话语的基本原则（Miike，2009）；非洲学者提出，语言学家应该更多地致力于众多非洲土著语言的标准化，以扶持本土的经济发展（Prah，2010）；拉美学者提出，话语研究的目标应从语篇转向语境，进而提出新的研究问题（Pardo，2010）。

3.3　小结

国际主流的交际学包括演说、修辞、话语、媒介等研究，从普世主义视角出发，叙述西方的概念、理论、价值、原则、方法及问题，并依托西方的经济、政治、科教、传媒优势，铸就了一套文化霸权的话语体系。这不仅遮蔽了人类交际的文化多样性（如差异性、竞争性），而且抑制了学界通过文化多元对话实现创新的可能性。

作为社会科学的新兴学术思潮、模式和平台，文化话语研究的建立,将推动交际学的文化转向。这里,来自交际学不同领域、具有文化自觉的学者们,追逐学术文化多元化、本土化和学术创新,正努力构建民族文化的话语研究范式,探索解决民族话语和人类话语的问题,也产出了一系列将引领未来学术发展的重要成果。当代中国话语研究是文化话语研究的一份子,也是其具体文化实践。前者与后者共生共建,推动话语研究乃至整个交际学朝着促进人类文化和谐繁荣的方向发展。在我国开展文化话语研究工作,其重要意义不仅包括国内话语学术的拓展与丰富,还能促进中国学派向国际交际学的舞台挺进,进而改变国际学术领域的版图,助力发展中世界话语研究的建设与发展,推动全球文化话语研究的繁荣创新。

第 4 章
文化话语研究的中国模式

虽然文化话语研究的批评学派在中国发轫并在国际学界中展开，但是它不针对某个或某些具体文化话语体系。它一方面是作为话语研究的总体指导框架（引导特定文化话语研究体系的建立和实践），另一方面也是各类文化话语研究实践的总称。那么，文化话语研究在中国话语研究圈里促成了什么样的文化模式呢？本章里我们将会看到，在文化话语研究的引领下，近10年国内形成了以中国的国际环境为视野、中国文化传统为视角、中国话语实践为对象的当代中国话语研究体系。

中国模式的建立和发展有其重要而特殊的社会背景。自改革开放以来，中国社会发生了巨大而深刻的变化，综合国力和世界影响显著上升，人民生活水平普遍提高，如今国家迈入了新时代。

需要特别指出的是，进入21世纪后，随着综合国力的不断增强，中国逐渐步入世界的中央，引起了世界的兴趣和关注，但同时也带来了不理解、误解乃至曲解。一些国家和团体表现出焦虑和担忧，或进行无端指责乃至诋毁。在西方主导下的全球话语体系中，"中国威胁论"自20世纪90年代以来经久不衰。在此条件下，中国如何提升自己的话语效力，让中国更清楚地认识自己，让世界更好地理解中国，成为亟需解答的问题。与此同时，中国等新兴国家的崛起使原有"一超"国际格局走向多极化，世界迎来了百年不遇之大变局。中国如何参与国际秩序治理，能够为人类做出怎样的贡献，同样是中国以及中国社会科学界面临的新问题和新挑战。

2016年5月，习近平总书记在"哲学社会科学工作座谈会"上明确表示，哲学社会科学是人们认识世界、改造世界的重要工具，是推动历史发展和社会进步的重要力量；他要求广大哲学社会科学工作者们要加快构建中国特色哲学社会科学，加强话语体系建设。党的二十大的胜利召开更是要求中国社会科学肩负起新的历史使命，充分发挥中国哲学社会科学的引领作用，为解决人类问题积极贡献中国智慧和中国方案。

正如上一章节所述，如果我们观察近年来国际期刊关于中国大陆话语传播的研究论文（且不包括用中国语言现象验证西方"普世"理论或"纯"语言现象分析的论文），就会发现这样一个规律（施旭，2018a）：理论上它们预设"中国政府总是为自身权威而操纵媒体、左右国内外舆论"（Chang & Ren, 2018; Hinck et al., 2016; Li & Rune 2017; Lin, 2015; Sun, 2010; Wang, 2017），"中国政府与人民／民主分离对立"（Esarey & Xiao, 2011; Gleiss, 2016; Han, 2015; Nordin & Richaud, 2014; Zhang, 2013），"中国话语与正统话语有差异"（Callahan, 2012; Hartig, 2016），"中国图谋称霸世界"（Gong, 2012; Lee, 2016; Zhang, 2013）；在研究现象和问题上，聚焦政府如何"控制"媒体（Gong, 2012; Li & Rune, 2017; Lin, 2015; Sun, 2010; Zhang, 2013），"摆布"人民，或反过来，人民如何"反抗／托举"政府（Esarey & Xiao, 2011; Han, 2015），或中国如何"坑害"美国、"愚弄"世界（Hinck et al., 2016）；在研究方法上，套用西方工具和模式，或凭借孤立个案，或拘泥只言片语，或依托"内容分析法"，以偏概全（Wang, 2017）。他们得出的研究结论不足为奇：中国媒体与"国际媒体"存在鸿沟（Sun, 2010），人民有各种"反／托"政府声音（Esarey & Xiao, 2011; Han 2015），中国给美国挖"陷阱"（Hinck et al., 2016），政府／元首有操纵媒体的各种策略（Li & Rune, 2017; Lin, 2015; Wang, 2017），政府有掌控世界的"企图""局限"（Gong, 2012; Zhang, 2013）等观点成为批评、质疑、诋毁中国的主旋律。

从文化话语研究视角看，这套西方学术话语体系不仅罔顾中华文化、历史变迁、细节全貌，而且通过仔细分析会发现，支撑这一怪诞体系的是一套隐秘的"公理"："美国西方代表的国际秩序是正道，不应改变""中国是国际社会的另类"。按照这样一套逻辑推导出来的"中国知识"与 Said（1978, 1993）所揭示的"东方主义"话语，或与 Orwell（1949）在其作品《一九八四年》所展示的东方社会本质上毫无区别，

第 4 章　文化话语研究的中国模式

不过是新瓶旧酒、陈词滥调，只是在效果上强化了西方对中国的偏见。

正是在这样一个由西方主导、曲解中国文化的语境下，学界出现了开拓性的工作和成果，建立了植根本土、放眼世界的当代中国话语学术体系，并将其付诸于一系列重大话语问题的研究（Chen，2001；Jia，2011；Shi，2005，2009，2014；Wang & Chen，2010；曹顺庆、支宇，2003；施旭，2008a）。他们的工作为消解西方主流的偏见、构建植根本土放眼世界的中国话语理论奠定了重要基础。然而，由于西方学术文化长期在世界的强势扩张，包括在中国的影响，这项新民族学术思潮和运动显然是不够的。改革开放以来，语言学界、外语学界、新闻传播学界，如同整个社会科学界一样，形成一种追随英美西方的势力，偏信、盲从或依赖西方学者以完成教学、学术任务，而随之失去民族文化的身份、视角、价值观，也疏于对东方/亚非拉/发展中世界学术的关怀。此外，由于我国学界所处的特定历史发展阶段，更由于长期以来国际人文社会科学所处的文化不平等的话语秩序，我国的本土化研究不足，西化却有余。话语研究及其教学工作的中国化也因此受到严重制约。比如，某篇探讨中国文化心理的中文期刊论文，所引用的学者全部为外国人。另外，国内外相关文献未有充分系统的梳理与评判。长此以往盲目承袭西方学术俗套，无视中国视角和现实需求，只能加深误解甚至导致误判，终而失去中国甚至世界发展的良机。反过来，坚持民族文化、历史、现实和学术视角，可以更加准确地把握当代中国话语，推动合作共赢，开创世界未来。当然，我们也必须看到，西方话语分析是社会科学领域中一门发展迅速、影响较大的新学科，且具备中国语言文化研究传统所未具有的独特视角，其中许多概念、范畴、方法、目的等在中华学术中没有直接的对应物，如"语篇""连接""连贯""语境""表征""言语行为"等，或对于现实构建、权力行使的分析；连"话语"一词也是从西文中的"discours (e)"翻译过来的。中国学术要自我发展，要与世界交流，当然必须与此进行对话，而对话的必要条件是具备自我民族文化身份。

因此，大力推进当代中国话语的研究、构建、发展和传播具有中国民族风格的学术范式，是当前中国社会科学界面临的一项重要使命与任务。

4.1　当代中国话语研究体系

下面我们将根据前文提出的中国视角、目标、原则和策略，呈现当代中国话语研究的学术体系。这项任务的根本性质就是展示具有民族身份和立场的研究体系，揭示当代中国话语的基本规律和特点，指明中国话语研究的方向和路径，创新中国学术和人类知识，助力中国繁荣发展、人类和平进步。

格局上，当代中国话语研究是文化话语研究的有机组成部分，也是该新思潮、新范式的具体文化实践，同时也是中国社会科学领域里的一套新话语体系。作为一个完整的话语体系，它一方面有学术思想体系和表述系统，另一方面又有相应的团队、活动、平台、资源系统（施旭，2018b）。

内容上，作为一个完整系统的学术研究框架（Crotty, 1998; Littlejohn et al., 2017），当代中国话语研究包含四个子系统：话语哲学、话语理论、话语方法和话语问题。

构建中国话语研究范式，将给本研究领域以及人类文化带来一系列益处。首先，新范式将使中国话语学者获得民族身份，成为国际学术圈中富有主体性和活力的一员，推进人类学术民主化。次之，新范式可以更加全面精准地透视和评价中国话语，让中国更好地认识自己，让世界更好地理解中国。再者，新范式还可以用自己的视角、理论、方法、问题意识去拓展、丰富、深化当下主流学术传统，促进人类学术创新。当文化平等的学术对话与批评得以开启时，话语研究势必促进人类的相互理解和共同发展。

4.1.1　哲学部分

本研究框架的第一部分，也是最基础的部分，是关于当代中国话语的哲学。哲学有不同类型，可以根据研究功能（如本体论、知识论、价值论），或范围广大的内容（如宇宙哲学、自然哲学），或范围狭小的内容（如道德哲学、美学哲学、语言哲学）加以区分。这里将简述关于当

第4章 文化话语研究的中国模式

代中国话语的功能系统,即本体论、知识论和目的论。

主流的话语分析和传播学很少明确地讨论其哲学基础以及背后的思维方式。这往往是因为研究者认为它们都是普世的、天经地义的。然而,事实上被隐去的部分恰恰是西方二元对立思维所催生的客观主义/主观主义、实证主义/反实证主义、结构主义/后结构主义等极端性假设。

我们将从中国整体、辩证的思维出发,继而化解或者说超越二元对立的界限和局限,从而提出"三位一体"的当代中国话语研究哲学系统,即本体论、知识论、目的论。换言之,该系统将为当代中国话语研究分别解决三个基本问题:(1)当代中国话语是什么,有什么本质特点?(2)关于当代中国话语的知识是什么,有什么本质特点,如何获得?(3)为什么进行当代中国话语研究,应该有什么作用?这些问题的答案将指导理论系统、方法系统和问题系统的建立与运用。

1. 话语本体论

作为我们的研究对象,当代中国话语是由多元交际要素组成的社交实践—对话主体,包括言语行动、媒体模式、目的效果、历史关系(包括传统话语)、文化关系(包括西方话语),它们有区别、相依存、互影响。作为全球文化多元体系中的一支,作为一个体系,当代中国话语与其他文化体系相联系、相依存、相作用;同样,又与历史传统有着复杂的关系。

上述观念不仅符合当代中国社会用全面、联系的眼光看待事物的体验和习性,还包含中国传统文化中的整体思维方式和宇宙观的渊源(高晨阳,1988;孙国华,1998)。在中国传统文化特别是其古典哲学著作(如《易经》《论语》《老子》和《庄子》)中,宇宙万物都是一个整体,有着不同联系,构成复杂关系(相互依存、相互贯通、相互对立、相互转换等),这种关系推动事物不断变换发展。在这种观点看来,没有任何事物是孤立的或静止的。从另一角度来说,中国本体论强调多样性中的统一性、统一性中的多样性,以及宇宙万物的动态关系。《易经》以太极符号和阴爻阳爻组合来代表万物的统一性和万物变化的形式与过程。

此外，话语与现实、话语与意义、话语与自我的关系问题，自两千多年前先秦时代也已有解答：（1）语言不是简单地反映现实，它构建和改变现实（"一言可以兴邦""一言可以丧邦"，《论语·子路篇》）；（2）语言意义不是确定的，而是在主客的对话过程中发展的（"言有尽而意无穷"，《沧浪诗话·诗辨》）；（3）语言最重要的目的是立德，特别是为了维护社会和国家的和谐（"和为贵"，《论语·学而》）。

这些思想不同于西方自柏拉图、亚里士多德、笛卡尔以降"分一为二"的话语观、传媒观。在西方的话语分析中，学者自觉或不自觉地，明确地或隐约地，分裂客体和主体、客观和主观、文本和语境/社会、真和假、对和错、好和坏，如此等等，并且往往为的是彰显一面，隐去另一面。在西方传播学里，同样，媒介与使用者、内容、文化等也是分割的，目的是凸显前者的意义。

那么，话语理论和方法建设上就不能见树不见林，刻舟求剑，搞"本本主义"：不能拘泥书面或口头文本（如词句），或媒介（如技术）；不能把语境作为理所当然的、剩余的文本阐释辅助工具；不能泛化或抹杀人类不同文化间的差异与竞争；不能忘却或掩盖研究者与研究对象和研究过程的密切联系。相反，首先必须从整体性和完整性的角度去认识、阐释、评价当代中国话语，包括所有相关的交际变量、它们之间的关系、综合意义。其次，一方面要特别注意话语的文化关系和特性，另一方面要注意话语的历史过程和动态。再者，应该意识到自己作为研究者与被研究者的关系，并积极地利用这种关系（例如，不仅让研究服务现实需求，而且让研究成为提升自己的过程）。显然，这种话语本体论对话语认识论也有特殊的影响。

2. 话语知识论

关于当代中国研究的认识，这里也包括相关描述、解释和评价，不是"纯粹"的真理，不是"公正"的裁决，而是带有研究者立场的、具有文化烙印的、基于综合分析的阐释性和对话性知识，因而是暂时的、开放的、有目的性的。通过理性（如观察、实证分析）和经验（如理论、直觉）并用而获得，并在与同行、与实践的对话中得以推进。这种观点

第 4 章 文化话语研究的中国模式

反映或突出了研究者谦逊、进取的态度,与西方主流的话语分析、交际学那种客观自信的态势形成反差。

西方主流话语分析、交际学一般以基础主义(Rorty,1979)和普遍主义为出发点:知识和道德都有外在、不可动摇的实质,因此在真理和伦理标准上持"自信"立场。这就是为什么批判话语分析的实践者几乎从不考虑、反思自身(包括其文化背景、权力利益)在研究过程中的存在与影响,对关于文本"结构"、语境"事实"、"普世"价值(如人权、民主、正义、平等)的知识确信无疑。

而客观知识和普适伦理在中国传统文化中是没有地位的(冯友兰,2005)。首先,根据中国的整体世界观,研究者与研究对象、评价者与评价对象是相互联系、不可分割的。庄子(《庄子》天下)问到,为什么同样站在一棵大树上,人会感到害怕而黑猩猩不会?人们无法将自己的认知、情感与眼前的世界分割。第二,如前所述,在中国人的世界观中,宇宙的本质是变易。那么可以说,意义、伦理或研究结论也不是固定的,在一定条件下会发生更迭。第三,中国哲学认为,实践以外的"知识""美德"是无意义的;讲求的应该是(有用的)"良知/智慧"。王阳明(1472—1529)提出的"行知合一",便是对知识/道德与实践统一这一重要意义的表达。

在中国理论、方法和问题系统建设上,就应该采用主动、辩证、多角、循环、对话、反思和实践策略。主动,要求有选择地、有立场地选择和研究问题;辩证,要求全面地、联系地思考和解决问题;多角,要求运用多种方式方法;循环,要求反复不断地探索;对话,要求相信和依靠研究对象,与同行交流学习;反思,要求保持谦逊的态度,时刻注意消解偏差、弥补不足;实践,要求"接地气","读万卷书行万里路",通过不懈的努力创立新意。这样,客体与主体、客观与主观、研究对象与研究学者便有机、有效地结合起来。

3. 研究目的论

当代中国话语研究秉持明确的学术目标和政治立场,即消解西方学术霸权,建立中国话语研究者的民族身份,提升中国话语研究的国际地位，促进人类学术思想的交流与创新，助力中国社会繁荣发展，推动人类文化共同进步。

西方话语分析、交际学（包括传播学、修辞学等）通常采取普世主义（泛文化主义）立场，宣称运用中立、理性、普适、统一的标准，生产客观、公正的知识和评判，却忘却了自身的文化偏见，也掩饰了自身的文化霸权。这样的目的论显然受到西方基础主义和普遍主义的影响，且与其社会经济条件有关。

中国古典哲学不追求"纯粹"知识或"普适"判断，而是对知识持实用主义的态度，关注的是知识对于国家、社会、人民的利好。儒家提倡学以致用、经世致用；更普遍的是中国知识分子忧国忧民的传统（Davis，2009），即《岳阳楼记》（范仲淹，989—1052）所表达的"先天下之忧而忧"。

对于当代中国话语研究的理论、方法、问题系统的建设和运用来说，要求话语研究者保持和提升国家、民族、文化的责任感和专业精神。具体地说，就是要使研究事业为中国社会的需求和利益服务，为更广泛的人类福祉服务，比如，将当代中国话语研究造就成为帮助国际学界认识和理解中国社会的途径，促进中国高质量、可持续发展的手段，拓展和丰富人类知识的工具。

4.1.2 理论部分

理论是特定哲学原理指导下关于研究对象性状的认识和理解，这些认识和理解往往以特定的概念（以及概念间的联系）、运动规律的解释、行为的准则的形式出现。"语言是一个表征系统，由表征影像和语音的符号组成"，这是一种概念性理论；"人的行为由个人大脑决定"（一种心理学理论），"人的行为与社会环境有关"（一种社会学理论），都属于解释性理论；"与人交往应以和为贵"，这是一种评价性理论。

本节的目的是在前文提出的目标、原则、方法指导下，基于当代中国话语研究的话语哲学框架，提出一系列关于当代中国话语特点、原则、规律、价值观、策略的命题，作为构成当代中国话语理论框架的重要部

第4章 文化话语研究的中国模式

分;并在此基础上提出发展中国话语体系的战略(目标)和策略(任务)建议。

理论的提出,应该具有问题针对性,为解决特定的问题服务。本章要提出的理论(命题)正是要回应从本书开端至此所揭示的一系列当代中国话语所面临的现实挑战和理论困境,以及内部需求和外部压力。

为了保障本节论证的逻辑性,并强调理论构建的必要性,这里重述推进当代中国话语研究的理由。第一,学界对西方理论的盲从。一味承袭西方学术俗套,无视中国视角、立场、现实,只能加深误解,导致误判,失去中国发展和国际合作的良机。第二,中国视角带来的益处。如果从中国文化、中国历史、中国现实、中国学术的角度去看,就可以准确地把握当代中国话语特殊的国际语境、时代特征、行为原则、交际策略;而且由此可以建立民族学术身份,提高国际学术地位,推动跨文化学术的交流与创新。第三,迫切需要总结新经验、新现实,破解其中的密码。不难看到,中国在巨变,并在(逆)全球化的激荡中改变世界。一方面,改革开放40多年以来,中国成为世界第二大经济体;十九大以后,国家进入中国特色社会主义"新时代"。另一方面,中国领衔开启的"亚投行""一带一路",连通欧亚非大陆人民;中国提出"构建人类命运共同体"的倡议,得到国际社会多方响应;尽管西方大国仍然操控着全球话语体系,分裂世界,压制诋毁包括中国在内的东方国家,但是中国更加积极地以自己的声音和行动,推动国际秩序朝着更加公正的方向前行。

当代中国话语是指1978年改革开放以来,在中国大陆发生的各行各业的话语实践。这里必须强调,它并没有固定的边界:中国话语与国际语境密切相连;中国话语关注世界、对话世界;中国话语的意义(也)在于世界的理解和回应;当代中国话语反思、扬弃、再创历史传统,想象、前瞻、型塑未来发展。只是本章的重点是作为中国话语主体的当代中国社会(无论是政府、团体或民众)。

显然,当代中国话语有多重方面、层次、节点,因此以下命题涉及的点、面各有不同,性质也各有不同。有的是全面、整体的,有些是关于特殊方面或场域的;有些是描述性的,有些是解释性的,有些带有评价性质;有些涉及相关概念,有些涉及相关价值观;有些关于物质层面,有些关于精神层面。这些命题是最终形成全面、系统、有效的当代中国话语理论体系的组成部分，也是最核心、最重要的部分。

第一，**以国际霸权秩序为语境**。当代中国话语的重要方面是其特有的国际语境。具体地说，作为交际实践和一种文化体系，当代中国话语是处于西方大国霸权话语秩序中一支被压制但正在崛起的力量。这一语境关系恰恰是西方主流话语、交际、传播理论忽视或掩饰的：它们将中国话语看作自给自足的"另类"。

放眼全球话语实践应该看到，这是一个长期的、持久的、不对称、不平等秩序，充满了文化间的互依、互动、互嵌、竞争、压迫、抵抗、合作等等复杂关系。总体上，超级大国及其盟友系统占据了垄断、支配、剥削的地位，拥有全球最强的传播网、最大的覆盖面、最多的信息量。而中国，作为东方话语一部分，处于话语场劣势地位，往往被排斥、曲解、诋毁；但另一方面，由于近年来（新兴国际地区）话语体系的多极化形成，这种文化的（无）秩序也出现了逆转迹象——以中国话语为代表的东方力量呈上升趋势。中国以及其他新兴国家和团体的不断进取与开拓，撼动了"一超"主宰的局面，开始为扭转全球话语秩序带来了新的希望。中国提出的"构建人类命运共同体"倡议，受到世界多数国家的响应，并被多项联合国决议文件采纳；中国召集并积极参与的"一带一路""亚投行""金砖五国""上海合作组织"等国际联动机制，为中国的可持续发展、世界的和平与繁荣创造了新契机、新空间、新渠道。从中国哲学传统看，未来这种文化博弈的话语秩序可谓是"三十年河东，三十年河西"；从人类发展历史看，应该是沿着文明的道路螺旋式上升。具体地说，文化多元、合作共赢、和平民主，可能逐渐成为扭转、替代"新冷战""美国优先""逆全球化"话语体系的新想象、新声音、新主题。

在当代中国话语的实证研究上，一方面应该持续分析、揭露和批判这种国际的、全球的文化霸权语境及其背后的秩序；另一方面关注这种语境对于中国话语的影响，中国的对策、经验及教训，以及中国全球传播能力的发展。实践方面，中国应该把握这一全球话语秩序的转折机会，不断强化中国话语体系，联合亚非拉，呼唤人类和平和谐发展的理想，持续削弱霸权主义，以实现人类话语秩序的民主化、多样化。

第二，**以天下融通为世界观**。当代中国话语通常以整体视角、关联

第 4 章　文化话语研究的中国模式

方式,去发掘、认识和理解事物的整体、全面、联系的特性和特点。因此,中国人会谈及、讲求、强调、利用这些特性和特点,用以说明事实和解决问题。这是中国人的心理,也是一种智慧,更是看待事物、讨论问题、解决困难的一种话语策略。如果以二元对立思维为基础的西方话语、传播理论为视角,就很难看到和理解中国话语的这一特征。

中国传统文化中"道生一,一生二,二生三,三生万物"的宇宙生成论和阴阳的概念,表达了中国人的整体世界观。这就是为什么中国话语中常常显露集体主义精神、家国情怀,在社交中呵护"关系""人情";也是为什么中国人会有"天人合一"的理念与表述,在生活中敬畏自然、环境;同样,这也是为什么近年来,在逆全球化、保护主义、"美国优先""中国威胁"、新自由主义等排他性话语盛行条件下,中国提出了"总体国家安全观""合作共赢""亚投行""一带一路""构建人类命运共同体"等一系列包容性新想象、新倡议、新话语。

那么,在当代中国话语的分析中,应该更多关注这一话语策略的使用:其具体语境(如应对的问题、场合、来源)、表述方式、目的与效果;分清这一策略使用的文化差异以及社会意义。实践上,应该更好地发挥整体思维的优势,强化以此为特点的中国话语体系,为推动人类合作共赢,共享安全与繁荣服务。

第三,以动态变化为常态。如同传统中国话语,当代中国话语的实践的各个环节、体系,以及在全球话语体系中的位置与地位都不是静止不变的,而是在不断变化发展。以西方话语分析、交际学为基础的中国问题研究,不仅往往以普世面目出现,而且惯用陈旧、固定、歧视的眼光和尺度,结果要么忽视或无视中国话语的变革与进步,要么将任何变化都看作是表面的或虚假的。而中国的这一动态变化的理论观点可以帮助纠正他们的偏见,引导他们不断关注中国话语的动态发展以及历史和文化在其中的作用。

易、变、运动,是中国人对宇宙本质的认识。Cheng(1987)指出,中华传统文化认为宇宙的唯一永恒特性是变化;而变化是通过阴阳的互动所形成的(Chen,2001)。经过短短 40 多年的改革开放,中国话语主题从"阶级斗争"转向"经济建设""和谐社会/世界",走向"新时代"。一反几十年形成的国家、精英主导大众媒体的"常态",普通民众和各种社会团体可以通过空前多元顺畅的渠道向政府或相关部门提出批评和建议。中国报纸、期刊及其他传播平台出现了井喷式增长。新媒体、社交媒体的出现，使得普通公民可以在公共空间发声并得到迅速广泛传播。中国向世界提出了"构建人类命运共同体"的新理念、新表述、新倡议，并受到国际社会的赞誉和响应。

当代中国话语的变化有一定的规律性，可以用三个相互关联的解释性命题来表述。

第一，通过与传统"对话"。中国有漫长而灿烂的五千年历史，而且沿着这条历史的话语本身蜿蜒起伏，色彩斑斓。这就昭示，当代话语不仅有着改革（如扬弃、拓展、扭转）传统的丰富资源，而且有着创新的主体性、能动性、反思性。进入改革开放时期，中国开启了"经济建设"的新主题。改革开放时期，由于经济发展带来了社会矛盾，中国又提出了构建"和谐社会"的主题；而该和谐思想与儒家传统的"贵和尚中"这一话语是不能分开的，但又不同于建立在儒家等级观念之上的和谐理想，当代"和谐"是以社会主义平等原则为基础的。

第二，通过内部子文化的互动。中国文化当然不是内部均同的；有不同的利益集团，它们生成、构建各不相同的子文化（话语），并相互影响，如农民工话语、民营企业话语、政府话语、学术话语、少数民族话语、性别话语、（新媒体）网民话语等。由于信息技术、媒体事业的高速发展，中国普通民众越来越多地并有效地成为当代中国话语的主体。作为独特的中国社团、技术的产物，这些子文化话语之间的互动同样是中国话语（体系）变迁的推动力。

第三，通过与外部文化的互动。在纵向的历史运动和向心的交叉运动之外，当代中国话语还与其他异质文化话语进行横向交汇与碰撞，进而产生变革。当今必须特别重视这一点，因为世界更加对立、冲突更加激烈、趋势更加无常；同时，这里既包含挑战，也蕴含机遇。以中国人权话语为例，其形成和发展与西方大国在该议题上的霸权话语是分不开的。改革开放之初，关于人权的讨论只是少量地局限在政治语境里，而且往往以负面形式出现。但由于美国国会的历年《人权国别报告》都要对中国说三道四；更不用说西方大国政府、媒体常常借人权问题挑战中国的其他利益，中国政府和社会（包括学术团体）开始讨论人权问题，

第 4 章　文化话语研究的中国模式

该议题逐步成为许多协会、研讨会、网站等公共舆论的内容，进而以积极正面的形式被写进党章和宪法。

当代中国话语研究的一项重要任务是记录、阐释、解释、评价当代中国话语的变化，理清其过程、形式、意旨、原因，追溯其历史渊源、文化影响等。这里，特别要挖掘和刻画中国出现的新主体、新话题、新概念、新范畴、新方略、新符号、新媒介、新渠道、新目的等，以及构成、支撑、统筹这些话语要素和成分的话语体系。在话语实践方面，中国应该在当下深化改革开放的进程中，积极推动各类话语体系的建设和发展，如创新团队、理念、范畴、表述、规则、机制、平台、空间等，使其成为服务国家战略、助推人类理想实现的重要且有效的工具。

第四，以平衡和谐为最高原则。 当代中国话语的最高价值原则是一种社会道德性要求——建立、维系、巩固和谐社会关系。大到中国的国家政治和国际政治话语，小到日常人际交往，都崇尚"贵和尚中""平衡和谐"。这与西方话语分析、交际学强调理性、自我的主流理论观点形成反差。交际、传播、话语、修辞追求的最高目标是"理性/真理"、自我目的（如说服或控制他人）的实现。显而易见，如果用这样的理论去分析中国话语不仅可能忽视其"礼"性的特征，甚至得出负面的评价。

众所周知，贯穿于中国历史的主线是儒家传统，而其中的"和"，连同相关的"和为贵""和而不同""礼""仁"等社会教义，是指导人们行为的最高准则（孟庆茹，2019）。可以说当今政治话语里的"和谐""和谐社会（以及保护'弱势群体'等）"、外交话语里的"和谐世界""多元文化""合作共赢""不冲突、不对抗"等思想是中国传统文化的现代化表达。这里需要注意的是，传统中的"和"是建立在社会等级制度上的，而当代中国话语中的"和"更多含有多元、包容、平等之意，可谓是"平衡和谐"。

对于话语研究者来说，眼光应该投向社会和谐关系的话语构建、维系、提升、运用；同样，也应该关注话语如何制造、加剧、或转化社会矛盾、分裂。实践上，应该注意运用、提倡这样的原则，以提高社会的和谐程度，实现共同的目标，同时也检查、理解、评判、提高社会中的话语现象，达到同样的目的。特别是在个人主义、新自由主义、保护主义、分裂主义、霸权主义日益蔓延的当下，这一原则变得十分重要且迫切。

第五，以言不尽意为意义生成与理解策略。 中国人往往不明确、全面地表达意义，也不完全依赖可观察的符号去理解意义（或者说不在符号与意义之间画等号）。换言之，中国话语的意义不完全确定，也不完全固定，需要交际双方的"想象"。西方话语分析、交际学却强调可观察的语言形式／交际行为是意义载体的观点，认为话语／交际的意义或多或少是直接的、固定的，因而将前者作为关注的重点、方法的核心。这与二元对立的传统思维一脉相承：将语言形式／交际行为和相关语境分成两种截然不同的事物，然后拔高前者为目标，降低后者为附属品，仅为描述、阐释、解释前者所用。

据中国古代经典，语言与意义的关系是不对称的，意义无法通过语言来机械地表达或理解。《周易·系辞上》说："书不尽言，言不尽意。"《老子》说："道可道，非常道；名可名，非常名。"庄子（《外物》）说："言者所以在意，得意而忘言。"这些都反映了中国传统文化对语言的谨慎认知和警惕态度。同时，由于这种言意关系，中国人又创造了许多间接表意、释意的策略：春秋笔法、微言大义、立象尽意、依经立意、以少总多、虚实相生、寻象求意、逆意立志等（曹顺庆，2001；刘金文，2006）。

今天时过境迁，社会的发展、价值的变化、科学的要求，特别是由于（多）媒体技术的发达等，使传统的"言不尽意／得意忘言"话语策略发生变异。但是，中国人对于语言和意义关系的非确定性、非相通性的根本观点和体验，没有改变。今天我们常说的"言有尽而意无穷""弦外之音""此时无声胜有声""沉默是金"等，都表达了中国人对于语言有限而意义无限的体验。因此，"虚实相生""声东击西""锣鼓听音"，仍然是克服言义不对称困境的基本路线；间接、含蓄、形象、直观，甚至缄默、笼统，是当今中国话语表意策略的重要特点；寓言、诗句、成语，是中国话语中常见的语言形式。

中国话语的言义不对称理论，让研究者超越机械、孤立、片面、静止地理解、评价话语的方法，鼓励研究者不断探索、创造话语的意义，这也包括总结"言不尽意"话语策略的构成方式、语境、效果，以及与中国话语原则（即"平衡和谐"）的关系，使研究更加贴近中国现实、

第 4 章　文化话语研究的中国模式

服务中国需求。对于实践来说,一方面应该弘扬这种中国话语智慧和艺术,另一方面要注意帮助国际社会理解这一中国话语策略。

第六,以辩证思维为纾困策略。在遇到困难、冲突、阻碍、僵局、危机、灾难或其他"坏事"的时候,中国人往往提起、讲求、强调、利用事物的联系性、多/两面性、复杂性、变化性,作为说服、鼓励他人避免矛盾、接受建议、克服困难、排除阻碍、突破僵局、应对危机、化解灾难、发掘转机的一种策略。而同样条件下,西方人可能更加直面问题,或者说直接地处理问题本身,而不考虑其他相关的方面,比如将自我与他人、我们与他们、民主与专政、真理与谬误、好与坏、对与错截然分开,这无不是二元对立思维的结果。在 2001 年 9 月 20 日举行的美国国会联席会议上,前美国总统乔治·W·布什(George W. Bush)向全世界宣言:"在这场反恐战争中,您要么与我们在一起,要么与恐怖分子在一起。"

从文化心理的角度看,中国人不认为事物非白即黑、非好即坏;相反,往往看到事物的复杂性、两面性、转化性(汪凤炎、郑红,2005)。中国人常常讲,"你中有我,我中有你""塞翁失马,焉知祸福""天下无不散的筵席""以柔克刚""良言逆耳"等。因此,他们不喜欢将事物说得真假分明、对错分明,避免简单化、绝对化,而往往提出事物积极的一面。该辩证策略可以有许多具体的话语表达形式:(1)避免使用极端的词语和陈述方式;(2)突显可能被忽视的人或事物的反面或相关方面;(3)保持中庸、中立;(4)自我批评等。例如,中国人在批评一个人的错误行为时,可能先会考虑指出这个人值得称赞的一面或者强调这个人整体良好的品格。在灾难面前,中国人会在灾难中看到幸运和光明。为了分析冲突,他们也可能(建议)检查自己扮演的角色。在一些具体场合下,这种辩证话语也可以反映一种"不偏不倚""恰到好处"的处事之道,即所谓的"中庸之道"。

从中国辩证话语理论出发,研究者可以去分析人们处理矛盾、纠纷、难题的特殊交际方式。尤其值得审视的问题是,在困难、危机或复杂的情况下,人们的话语是否注意发掘、运用这一策略,具体是怎样的形式,效果如何,以及他们如何进行辩证统一言说。话语实践中,应该以辩证思维方式作为一种处事智慧,通过对事物的正反面、联系、变化的讨论,排除困难、解决问题。

第七，以权威为真理、道德象征。关于权威的概念由来已久，至少可以追溯到恩格斯和韦伯。在特定的问题或领域，不同文化的权威有不同的涵义。当代中国话语语境下，权威是特定社区或领域里判别事物真伪、好坏、对错等能力的象征。这里的权威，可以基于职位、资历、年龄或身份，可以是期待尊重、敬畏的依据，也可以是给予尊重、敬畏的标准，因为既可以作为利用的工具，又可以作为理解的依据，具有建构性和理解性的两面。相比而言，如果说西方话语更加偏重以证据、逻辑、知识为基础的理性权威，那么当代中国话语则更加偏重以职位、资历、年龄、身份为基础的"礼"性权威。

中国这种权威概念，受到了儒家等级观念的影响（例如，君王在臣民之上，父母在子女之上，男子在妇女之上），并依然具有划分社会等级的力量。自古以来中国人就有"名不正，言不顺"（《论语·子路》）、"人微言轻"的训言。因此，为凸显某种事物的真实性、正确性、合理性、公正性，人们习惯性地把权威人物的言词当作真理或道德的化身。

当然，这种情况在当代中国社会已经得到改变，特别是由于现代媒体、互联网和全球化进程的发展。作为权威象征的职位、资历、年龄、身份，在评判真理、道德方面逐渐失去重要地位，但仍然发挥着作用。

对于当代中国社会来说，权威话语研究十分重要，因为权威影响真理的裁定，道德的评判，而权威话语滥用的后果可能是灾难性的。那么，研究目标应该特别放在话语过程中谁在利用权威，是哪方面的权威，代表哪个机构和谁的利益，如何使用权威，谁奉其为权威，以什么为依据，某权威话语与其他说理方式的关系如何，等等。而对于话语实践来说，应该提倡少用、慎用权威，而更多地注重客观地、实事求是地、多角度地处理矛盾。

第八，以面子为社会关系资源。面子，在当代中国话语中具有举足轻重的价值和作用。人们常说"中国人最讲面子"。面子既是人们展示光鲜自我的一种社会需求，也是保护他人面子的一种社会要求。而西方学者认为，面子是人类共有的一种需求（Brown & Levinson, 1978; Goffman, 1959, 1967）。

那么，问题的关键在于什么是面子。社会学、心理学、文学、交际

第4章 文化话语研究的中国模式

学、经济学都有关于面子的研究（Brown & Levinson, 1978; Goffman, 1959, 1967; Jia, 2011; 黄光国, 1988），最早的系统分析可以追溯到 Hu（1944）。学者普遍认为：

- 面子是一种文化心理现象；
- 面子是一种社交交流活动中的现象；
- 面子是一种社会资源，因此需要保护和被保存；
- 面子是自我，包含前台的和后台的自我。

然而，面子的内涵远比这些语句表达的要多，而且从文化和历史的角度看，其定义更没有统一标准。比如，西方社会学、语用学中的"面子"概念（Brown & Levinson, 1978; Goffman, 1959, 1967）通常指表达积极自我形象和保护个人行动自由的需求。

中国人对面子的理解和用法大有不同。总体来说，中国人心目中的面子是凭借道德、友情、资产、个人能力或社会成就，而赢得他人尊重、敬佩的一种需求，因此人们会努力通过话语获得面子、维护面子。不仅个人有面子的需求，组织乃至国家也有面子的需求。面子不是自给自足的，也包括对他人维护面子的期待，因而是社会关系性的。人人有满足面子需求的义务，面子又可以成为赢得他人尊重的社会资源。面子还有"正面的/台上的（给别人看到）"和"背面的/台下的（别人看不到的）"，两者辩证联系。显然，中国话语中的面子具有多重性质和方面。中国人的面子观不仅比西方人的更加复杂，而且占据更重要的位置。作为一个神圣的社会情感（黄光国, 1988），人们可以为之付出沉重代价（Jia, 2011）。

面子在当代中国话语中有多种生成、维持、使用方式。实证研究中，应该注意分析谁在做面子工作，以什么内容在作为面子的依据，面子是如何使用的，与背面的面子呈何种关系；同时，通过对面子实践的分析，洞悉社会心态。实践上，当面子作为一个象征珍贵价值的文化和社会符号，如同上面描述的权威，人们应该谨慎、适度并批判地运用它；同时还应该帮助其他文化群体了解它。

第九，以民族主义为思想/行动指南。这是当代中国话语特定场合下的重要特点：中国的民族主义，作为一种特殊的民族情感、情操，同时也作为一种思想、行为的社会准则及价值观,是牵引政治、经济、外交、科技等领域话语实践的重要因素。西方文化,尤其是西方媒体和学术界,往往将中国的民族主义当作极端的民族主义,甚至当作反西方的一种态度。这如果不是出于对中国文化传统和历史的无知,就是别有用心。

中国从有载历史的炎黄崇拜、屈原《离骚》,到近代"五四运动",贯穿了民族主义文化传统。尤其是中国近代集体历史记忆——1840年帝国主义闯开中国大门后,中国人民遭受了一个多世纪的欺凌和耻辱——更加深刻地影响当代话语实践。而今,世界仍不平等、不公正,以超级大国为首的西方阵营继续推行世界霸权。由此,如同许多其他后殖民主义社会,中国人民始终秉持民族认同感和反帝反殖斗争精神,把民族主义、热爱祖国、捍卫国家主权作为当代话语的重要主题之一,也作为克服困难的一种精神力量(费孝通,1999)。

因此,话语研究上,我们应该注意发掘民族主义话语的语境领域(如政治、经济、外交、国防、科技、艺术)和场合(如冲突、竞赛、创造)、对话的主体(如个体、集体)、具体表现形式和内涵等。话语实践上,一方面应该在国内外有力澄清、解释中国的民族主义(话语)的特质、特点、作用、目的,特别是从历史和文化传统角度出发;另一方面,要努力使其成为中国发展、繁荣的精神源泉。

第十,以文采为修辞优势。与西方语言使用相比,在当代中国话语的修辞中,文采是一个较为突出的审美要求,通常也是感动他人、受感动的重要手段和因素(钱冠连,1993)。西方话语一般更加重理性、重逻辑、重表真。尽管不同的领域和目的会有不同的美学原则,但这些诉求可能凌驾于艺术之上。

这里讲的修辞,指语言的表意方式;文采,指语言的优美使用和审美效果。中国话语自古以来注重声音美、文字美、意境美。古训中有"言之无文,行而不远"(《左传·襄公二十五年》)、"文质彬彬"(《论语·雍也》)。虽然前文所谈的语言使用的道德要求(即"平衡和谐")一定程度上同样可以引起审美效果,但是中国话语对汉语形式(如节奏、音韵、词汇、章法)和意境(如言象关系、言景关系、言意关系)有着特殊的要求:文字工整对仗,音节整齐匀称,声调平仄相间,意境情深意长

第 4 章　文化话语研究的中国模式

（比如通过诗句、成语、典故，达到含蓄、诙谐、放飞想象的境界）。李白、杜甫、鲁迅、钱锺书、朱自清等文学家的作品都是话语艺术实践的典范。

第一，值得研究的是中国（文化）美学原则在当代中国话语中的实践方式，或者说两者之间的关系，进而建立当代中国话语美学理论。第二，应该探索当代中国话语美学原则，及其在当代社会进程中的发展变化。第三，应该对话语实践进行美学评判，分析文采的得与失。话语实践方面，应该大力借助、弘扬中国语言丰富的特殊优势，提升中国话语的品质和效力。同时，还要帮助世界更好地理解中国话语的美学特点。

4.1.3　方法部分

所谓方法论，是指一定理论预设下的研究方法系统，由两部分组成：(1) 原则性方法，即创立、选择、使用技术性方法的总原则、总策略；(2) 技术性方法，即回答研究问题所需的范畴、工具、手段、程序等。技术性方法可以根据研究阶段分为两大类：(1) 材料收集方法（如背景材料、焦点材料的搜索、观察、整理等）；(2) 材料解析方法（如例证的描写、分析、解释、评估，以及研究反思等）。

话语研究方法必须与一定的话语定义相关联；必须对应于一定的"话语意义"概念；必须有一定的主体性原则。显而易见，方法论与特定的研究对象、哲学、理论、目的、问题等有着紧密联系，往往受后者决定和支配。

这里陈述当代中国话语研究的目的是为方法论的设计指明方向：(1) 综合描述、诠释、解释、评价作为交际事件的话语，包括其内容、形式、性质、规律、意义（效果，后果）；(2) 挖掘话语意义生成和理解的交际策略（包括语言、媒介使用策略）；(3) 解构话语，比如揭露文化霸权主义、揭露"公理""真理""普遍价值观"的两面性、揭露隐秘的社会不平、不公正等；(4) 提出话语（体系）建设、改革、发展的策略建议。

在呈现方法系统之前，首先进行中西传统的对比。西方社会科学方法论，可以说经历了从传统的基础论到解释论的转化。基础论认为：第一，社会科学调查的对象是一种主观世界之外的客观存在；第二，科学家们能够拥有中立、透明的方法，以获得真知。基础论对话语分析产生最为典型、持久的影响就是这样一种观点："语言"及其"结构""策略""过程""层次"，都是客观事实。

而解释论认为：社会科学作为一种生产知识的社会活动，与生产者有关，与历史和文化有关，因此必须采取本质上属于对话性、关联性的研究方法。然而，具有讽刺意味的是，解释论的转向并没有带来与其他文化，尤其是对非西方文化的方法论传统的对话和互动，更不用说去运用非西方的方法。其实，西方各种方法论范式少有将自己置于全球的、具有历史、文化性质的权力话语体系之中；相反继续保护、巩固西方学术在社会科学国际交流体系中的统治地位。

目前国际主流话语分析的方法论，可以追溯到西方修辞学、科学主义、结构主义语言学等。根据研究对象（定义）、目的和理论的特点，这种方法论有三种变体：（1）语篇方法论将语言使用的形式和内容（"语篇"）作为研究对象，将语篇认作意义的载体，其理论基础是语言学，比如语篇语言学（De Beaugrande & Dressler, 1981）；（2）语篇（+语境）方法论将语言使用作为研究对象，语境作为解读语篇意义的（附属）工具，其理论基础是语言学加上经验式语境分析法，比如话语分析（van Dijk, 1985）；（3）批判方法论将语言使用作为研究对象，语境作为批判语篇的辅助手段，理论基础同样是语言学，加上经验式语境分析法，但同时以研究者采取的价值观/政治立场为标准（Fairclough, 1989）。但无论是哪一种，都同样从普世主义角度出发，缺乏（多元）文化意识和文化自觉。它忽视主观意识以及话语的文化多样性和研究者的创造力，同时掩盖了专业人员的权势地位；另外，它还抑制了跨文化对话的需求，从而垄断了"真理"。这些表现在对非西方交际、话语、修辞理论和方法的漠视，更表现在对人类交际文化多样性、竞争性的忽视和对全球交际秩序不平衡的无视。为了人类话语研究的繁荣以及主流研究方法论的拓展，方法论转型势在必行。

而突破口在于多元文化对话与创新。中华学术传统可以为这一变革提供宝贵资源，更可以成为中国方法框架构建的重要基础。周瀚光

第 4 章　文化话语研究的中国模式

(1992)写道,中国古代的科学方法具有以下六个显著的特点:(1)勤于观察;(2)善于推类;(3)精于用数;(4)明于求道;(5)重于应用;(6)长于辩证。从孔子、孟子、荀子、董仲舒、朱熹、刘勰、杨雄、许慎,到戴震、王国维、胡适、钱锺书,他们在语言、文学、经典的理解、领会、解释、鉴赏、批评方面为我们留下了极其丰富和宝贵的遗产:言不尽意的言义关系理论;学以致用、经世致用、修身进德的学术目标;熟读精思、释词析句、虚心涵咏、反复涵咏、切己体察、以意逆志、知人论世、通首贯看、逐层推揳、得意忘言的方法技术。显而易见,这些强调整体、辩证、直觉、道德、实用的策略和原则,可以帮助研究者修正、超越西方拘泥言辞文本、漠视听众效果、免于语境调查、二元对立、学科单一的方法论。

的确,研究方法绝不应教条化、刻板,不应文化封闭,不应抛弃优良的传统。纵观我国的学术发展史,横观国内外各种学术的经验,当代中国话语研究方法的构建应该把中西结合、古今融汇作为基本原则(陈光兴,2006;汤一介,2010;周光庆,2002;周裕锴,2003)。换言之,应该既植根本土,又放眼世界。这意味着,一方面,要吸取中华传统学术的精髓,关怀中国的现实;另一方面,要向其他文化的方法论学习,包括与上文提到的西方方法论进行对话批评。不仅如此,因为话语要素(关系)的整体性、多元性和复杂性,构建的策略也需要考虑这些因素。更重要的是,为有效开展当代中国话语研究,促进中国学者民族文化身份的认同与建构,肩负起世界大国、最大发展中国家引领学术潮流的责任,中国学界也必须努力实现方法系统创新。根据这样的要求和方略,下面我们会呈现当代中国话语研究的方法系统——原则性方法和技术性方法。前者包括五条策略。

第一,整体全面地研究话语。西方话语分析、交际学方法论的标志性特点是"本本主义"、二元对立、普世主义,即研究对象局限于文本,目的是阐释文本;将语境与其割开作为辅助阐释文本的线索、工具;虽然阐释的概念、范畴、理论源于西方,却往往当作普适方法。结果往往是刻舟求剑,见树不见林,甚至误判误导。

"不谋万世者,不足谋一时;不谋全局者,不足谋一域。"我们提倡整体全面地研究话语,换言之,不能只顾及所说的话,而不注意谁说的、用什么媒介说的;不能只顾及一时一地的言语,而不注意他时他地的行动(应该"听其言而观其行",《论语·公冶长》);不能只从言语生成的角度去考虑,而不注意从言语接受的角度去考虑;不能只从研究者的兴趣、观念出发,而不注意研究对象的概念、感受、诉求。按此原则,相关的实施方式包括:(长期)实地调查、多语境材料收集、(大)数据统计、(多方)比较研究、综合判断、人类关怀、全球视野。

以当代中国人权话语研究为例。可以将当下的话语与历史上相关话语进行勾连与比较,以发掘其变化、判定其目前的性质和特点;还可以从文化对比的角度,去认识其本质、衡量其价值;也可以从多语境角度去搜集不同主体、类型的材料,以获取具有代表性的材料。另外,还可以从全球人权话语发展的角度,去发掘中国声音对于人类人权话语的贡献。如果只看当下的中国人权话语,可能看到的只是中国社会在正面地保护人权;但如果从整个中国历史的角度去看,便会发现中国在人权问题上已经取得积极的、质的进步。

第二,辩证联系地研究话语。西方中心主义、二元对立、"本本主义"引导下的方法论,首先将研究者包装成文化中立的、全知普世的;接着将世界万物截然分一为二:好/坏,对/错,真/假,文本/语境,言说/理解,语言/传媒,话语/社会,话语/认知,民主/独裁,聚焦一边,虚化另一边;最后便可以从容自信地批判某一词/句/篇,或赞扬某一词/句/篇。

对于当代中国话语的研究,必须采取更加复杂缜密的路径:与前面的原则一脉相承,研究者将所有相关的因素联系起来,不仅分析各种相关因素,而且审视它们之间的关联。这包括注意话语活动中各因素的不同性质与特点,对比它们之间的差异,挖掘它们之间的依存、渗透、转化关系。显而易见,这也意味着跨学科、多学科的融合成为必然。

比如,要研究杭州城市形象的国际化传播,以发掘其中的经验和教训,那么相关的文字与声像、节会与影视、旅游与餐饮、自然与人文、市民与政府、现代与历史、传播与接受等,都不应"分而治之",而应在可能的条件下尽可能地联系起来解读。毕竟,话语研究应竭力发掘问题事物的联系性、两(多)面性、动态性、复杂性等。如果只看杭州出现的城市品牌名称("生活品质之城")、新景名(如新西湖十景景名),

那么只能理解其文字意义。然而，如果将其与命名主体联系来分析，便会发现，这些新名词还反映了杭州城市发展的民主化变化，因为命名主体主要是普通民众，而不像过去他们完全没有发言权。

第三，理性/客观与经验/主观并用。西方主流话语分析、交际学的方法论基石是理性、客观（基础主义、二元对立），因而重视对可观察现象的实证分析；不承认主观经验、文化多元的价值。所反映出来的是普世主义立场。

在中国两千年的学术体验中，直觉、经验被认为是宝贵、有效的工具。从中国传统的整体思想和辩证思维角度看，这就很容易理解：人的直觉、经验来源于客观实践。因此，在中国学术传统中，积累了许多偏向"主观"的解读策略，如"以意逆志"、（反复细读的）吟咏、（以吾身入乎其中的）体察、（厚积薄发的）顿悟、（创造性的）妙悟、"寻象以求意""体物而得意"。

当代中国话语研究采取综合的立场，即为全面、准确、高效地解读过往话语、筹划未来话语，理性/客观、经验/主观两种工具可以，也应该有机结合起来，使之成为真正科学有效的原则性方法。这就是说，一方面要运用具体事实、数据，进行系统、严格推理，以得出可靠的结论；另一方面，也要酌情利用经验、体会、理想、想象，提出推测性认识和观点，以得出敏锐而全面的解答。这种综合性策略，不仅可以帮助研究者完成"今人读古人""男人读女人""中国人读外国人"的任务，而且也是适用于话语研究的妙策。

那么，为有效实施这一方法，研究者必须首先深谙相关文化，包括其符号、范畴、概念、语言、思想、社会、历史，同时要树立自己的研究立场、目标、原则；此外，还必须不断拓展、深化自己的文化经验。没有深厚的文化体验，难以有效实现这一目标。

例如在中欧贸易纠纷话语问题上，如果用实证方法会得出这样的结论：欧盟话语充实而严谨，而中国话语言简而意不赅（如"坚决反对""是不公正的"）。但是，如果研究者懂得世界外贸史（西方具有百年经验积累）和作为发展中国家的中国加入世贸不久这一事实，那么就会发现双方是出于不平等的话语秩序之中。再如，在未来中国社会科学的国际传播和未来人类智能话语的建设发展中，因为我们无法准确预测未来的话语;除了已有的知识之外,我们只能利用想象和理想,才能最大程度地筹划好行动目标与任务。

第四,本土/全球视角兼顾。主流话语分析、交际学的方法论坚持运用西方中心主义框架,解读、评判不同文化(包括东方)语境话语实践。其不仅忽视本土视角,偏离本土关切,而且本质上追逐学术的世界霸权。

而本土/全球视角兼顾的方法有全新的要求。本土视角是指关注中国文化语境下的话语特点,助力中国文化发展目标(民族复兴)实现,运用中国(学术)文化智慧;全球视角是指关怀人类面临的话语问题(比如涉及安全威胁、共同发展),坚持全球化立场,广纳不同文化学术传统,促进人类和平与发展。全球化立场包括:遵守中国所认同的国际公约,尊重其他文化(文化民主化),支持人类文化共同发展。兼顾本土与全球视角,要求辩证地处理"本土"与"全球"两极关系,使其有机统一。

比如,在对杭州城市形象的国际传播中,我们可以看到,在短短的一二十年内,杭州提出了多个与经济有关的城市品牌建设目标。虽然这些举措"顺应"中国社会发展需要,但是忽视了联合国教科文组织"保护环境"和"保护传统文化"的原则。因此,我们提出一种"折中"的建议:减缓经济品牌建设速度,加大环境、传统文化的保护力度。

第五,表达清晰易懂,结论谦逊开放。作为方法论的有机组成部分,当代中国话语研究对其成果的展示也有特殊的要求。这些要求包括符合国际人文社科界的一般性标准:以全球学术语境为参照,阐述方式明晰易懂,论点有依据,评价有标准。同时,还需要以中国学术特有的谦逊的态度表达自己的观点:因为世界和意义的变化,以及研究者的局限需要通过与实践的对话和与同行的交流不断推进、创造中国话语的意义。

技术性方法包括一个开放的工具系列:概念、范畴、手段、程序、标准等。根据上述的话语研究的原则性方法,我们根据交际/话语要素/变量构成,列出当代中国话语研究的基本问题类型,作为指导研究的"算法":

> 对话主体:谁(不)在说话?说给谁听?各自社会身份以及相互社会关系如何?

第 4 章　文化话语研究的中国模式

言语／行动：(不) 说什么？如何说的？为什么不那样说？(没) 做了什么？

媒体／时空：(不) 用什么 (传统／新兴) 媒体？如何使用的？交际时空把握如何？

目的／效果：有什么目的？产生怎样的效果？有何后果？

历史关系：上述各变量，或整个话语体系的历史发展过程如何？

文化关系：上述各变量，或整个话语体系与其他文化话语体系形成何种关系？

根据上述原则性方法、研究目的、材料性质，研究者还必须具备相应的技术性方法，分为两类：(1) 材料采集方法 (如田野调查、材料收集、资料整编)；(2) 例证解析方法 (如描写、分析、解释、评判等)。这些技术性方法贯穿于学术研究的各个环节，如观察、材料 (素材、资料) 收集、研究 (解读、分析、评判等)、学术交流。它们是松散、多元、灵活、来自不同学术传统的或临时发掘的具体研究工具，包括研究程序、手段、计策、范畴、标准等。此时，根据课题的具体情况，语言、修辞学、交际学、社会学、心理学、文化学，以及涉及特定社会领域问题的学科 (如公关学、外交学、国防学) 的概念、理论、方法，都有可能被调动起来 (秦伟，2000)。

4.1.4　问题部分

作为一个特定文化语境下的体系，当代中国话语当然有其特殊的问题需要回答和解决。因此，当代中国话语研究作为文化话语研究下的子范式，必须形成自己独特的问题意识，并建立一个指导性框架，以使研究工作较为精准有效地实现子范式所设定的目标。

研究问题意识的形成和实践，与相应的文化及学术环境有着密切的关系。西方 (中心主义) 文化传统以及 (发达) 现代经济社会条件，使得西方学术偏重"客观""自我""普世"知识。在西方主导的国际学术秩序中，问题的注意力集中在西方社会；关于非西方的问题研究，主要还是印证西方的理论，满足西方的旨趣。

然而，研究者在问题发掘选取上不（必）是被动的，应该具有文化政治意识。这里特别需要强调的是，当代中国（话语）与西方有着巨大的差异，存在独特的问题，既有挑战、也有机遇。中国是一个拥有14亿人口的大国，处于发展水平较低且不平衡的社会阶段，肩负着维护世界和平、促进人类进步的大国责任，却面临西方（超级）强权操纵不平等、不确定的国际秩序，但在追逐民族伟大复兴的梦想，同时又遇上了百年未见之大变局。因此，当代中国话语研究新范式必须树立自己特殊的问题意识。而且，上面的哲学系统已经声明，本范式的目的是"学以致用"（关心"有什么用？"的问题）。令人欣慰的是，40多年的改革开放，为学界提供了空前优越的研究资源条件。在这样一个新时代，中国学者们应努力超越西方中心主义藩篱，肩负起一个世界大国、最大发展中国家的学术使命与职责：让更多的人，花更多的精力，去研究更多的发展问题。基于这些多重因素的考虑，以下现象及其相关问题（类型）构成当代中国话语研究问题系统的内容，这些议题之间往往有内在联系，但这里为了突出重点将其分开：

第一，**发展话语**。这是最重要的议题，因为发展是中国乃至整个第三世界的本质特征，也是它们亟需破解的问题：中国发展什么，如何发展？这也是范围最大的议题，可以化解为许多分议题，如教育问题、就业问题、医疗问题、贫困问题、弱势群体（如妇女、性别、农民工、留守儿童、残疾人等）问题、区域不平衡问题、城市问题等。

第二，**行业话语**。这是涉及中国社会经济发展的一个关键议题：不同的行业（包括企业、事业）、职业、机构、组织等，如何推进中国发展？比如，政治话语如何深入人心，与百姓形成良性互动；商务和贸易话语如何促进经济增长；新闻话语如何提供准确有效信息；文学话语如何丰富人民的生活等。

第三，**民族话语**。这关系到国家安全和中华民族的和谐关系。在全球化不断加深、国际格局复杂变化、各族人民交往日益繁多条件下，关于中国各民族文化传承、交往、发展，关于中华民族与世界文化的交流与合作，都应该是当代中国话语研究关心的重点问题。

第四，**安全话语**。这是关系中国发展利益、世界和平的基础性问题。

第 4 章　文化话语研究的中国模式

尤其是在世界"一超"将中国当作首要竞争对象,"港独问题""台独问题""疆独问题""藏独问题""南海问题"持续发酵的情况下,有急切的必要去探讨相关话语问题。比如,(前台、后台)谁在制造"港独问题",在说什么、做什么,传播的手段如何,目的是什么,产生什么后果?国家安全法可以给香港带来什么?安全话语还涉及许多传统和非传统安全领域。

第五,**危机话语**。当今世界局势的不稳定性和不确定性在日益增加:公共卫生、大气环境、核武竞争的隐患都是决定人类生存的严峻而紧迫的问题。突入其来的新冠肺炎,以及导致的全球经济和国际政治危机再次昭示,当今比以往任何时候都须加紧研究危机事件与对策,尤其是从话语角度。从这里,可以触及人们的信息认知、防范意识、应对措施、交流协作等。

第六,**跨文化话语**。进入 21 世纪以来,(逆)全球化进程深入发展,国际格局深刻变化,大国竞争前景扑朔迷离,全球秩序治理危机加剧,中外交往日益频繁,中国的大国责任担当不断上涨。文化霸权与反霸权斗争是当今世界秩序的基本特征和趋势。在这种情况下,全面深入把握文化竞争话语的特点和规律,有效解构文化霸权话语,强力构筑反文化霸权话语体系,都是当代中国话语研究的重大任务。

第七,**科技话语**。自然、社会科学是当今国际社会竞争的高地。作为社会发展的强劲力量,科技(如人工智能、5G)更是各国争先恐后的发展目标。因为科技话语可以成为助推器、催化剂,其研究变得十分重要(施旭、别君华,2020)。如何提升科学信息的传播与接收的水平,如何从话语传播角度管控科技发展,如何构建中国科学的民族身份、提升其国际地位等,都是亟待研究的问题。

第八,**媒体话语**。如同科技革命,特别是新媒体、融媒体,也是社会发展的决定性工具;再联合日新月异的信息技术革命,更是如虎添翼。作为人类交际(文化话语)的组成部分、核心手段和最有效形式,媒体话语给当代中国话语研究提出了新问题:当下的中国媒体话语,有哪些潜在的发展领域和方向,存在什么障碍;中国如何运用新媒体、融媒体,改变世界话语秩序的不平等、不公正。

4.2 小结

近几个世纪以来,西方学术界,如同西方主流社会,惯于歧视和歪曲东方文化(Said,1978,1993)。研究中国话语的现代传播学、西方话语分析主流,并没有放弃殖民思维,不仅没有产出新知,却依然不断老调重弹(施旭,2018a)。在强势的西方中心主义话语影响下,中国学者也染上了"失语症"。

本章提出,中国学界不仅有必要,也有可能、有基础、有条件、有义务构建植根本土、放眼世界的中国模式,将其作为重新发掘、分析、辨义、解释、评价当代中国话语实践的框架。这不仅将为中国学界认识当代中国(话语)和为世界学界理解当代中国(话语)提供新视角、新模式、新标准、新技术,而且将为中国学界建立民族身份和为国际学界文化多元对话创新提供新依据、新条件、新资源。为此目标,本章呈现了一个全面、系统、开放的研究范式。

很显然,该学术体系需要与时俱进、不断完善,不仅因为中国话语以及国际语境始终变化,而且目前的不足之处也需要更多的努力加以弥补。当代中国话语研究体系需要更多的跨文化、跨时代、跨学科、跨语言合作,需要更多的传播学界、中文学界、外语学界等不同领域同仁参与,使该新兴学科更加强劲地向前发展,助推中国社会科学走向世界的中央。

第 5 章
中国外交政策的全球传播

5.1 问题与目的

西方政府、媒体乃至学界不断指责中国外交"咄咄逼人""有称霸野心"。本章旨在以文化话语体系为视角，重新阐释新时代中国外交的规律和特点。首先，本章在理论层面上提出，外交实践的最主要、最重要模式是话语；而以"和而不同、平衡和谐"为基石的当代中国话语体系是引领、支撑、形塑中国特色大国外交的纲领。以此为框架，本章进而在实证层面上解析 2022 年中国在俄乌冲突、美国的"中国战略"问题上的外交话语，挖掘其执行中国话语体系的技术策略。基于理论和实证分析，本章最后提出中国特色大国外交话语的新战略：为消解"中国威胁论""中国外交强硬论"，加快人类命运共同体建设，中国外交须进一步推进中国话语体系的全球发展，提升网络平台融合与传播水平，增进国际社会对中国话语体系在其外交实践中作用的认识与理解。

自 20 世纪末以来，中国快速崛起，国际地位和全球影响力大幅提升；与此同时，以中国崛起为典型现象的世界多极化、文化多元化深入发展。日渐衰退的超级大国以及守成强国感到了其霸权受到威胁。为全面系统压制中国发展、改变中国道路，美西方竭尽能事，鼓吹"中国威胁""中国强硬""中国有野心"等言论，为其诸如印太战略等围堵举措制造借口。其中，作为中国威胁论话语体系的一部分，美西方，包括其学界，也不断渲染中国外交变得"强势""咄咄逼人""有战略野心"的论调。

作为国家战略的重要支柱，中国外交究竟有何基本规律和特点？特别是当今中国外交是否发生了本质变化，或有哪些新动向？作为大国重器，其未来应该如何发展？

目前国内主流学界似偏重中国外交理论、能力建设，以及其未来战略的研究（如凌胜利，2020，2022；刘建飞，2018；孙德刚，2020；杨洁勉，2016b），却疏于对当下或过往外交实践的全面系统分析，更缺乏从话语体系的角度深入探索。

国际学界（Cabestan，2022；Callahan，2016；Heo，2020；Julienne & Hanck，2021；Lincot，2019），乃至一些发展中世界的学者（Busilli，2020；Mosquera，2018）虽然探讨了中国外交的方方面面，但往往从美西方传统偏见出发（如强势现实主义、自由机构主义、社会建构主义），这必然导致对中国外交战略意图和政策的曲解，甚至歪曲。比如，一些学者认为"一带一路"倡议、抗疫合作、孔子学院等是改变外交政策的例证，其最终目的是图私利（Busilli，2020；Carretero，2017；Lemus-Delgado，2021；Mosquera，2018；Ruiz，2016；Tien & Bing，2021），抑或将中国外交行动定义为"咄咄逼人""战狼外交"（王艺潼，2019：99）。

本章论证的观点是：一方面，新时代中国外交，即中国特色大国外交，任凭国际风云变幻、国家由弱变强，不改初心，继续坚持由中华文化传统支撑的"和平外交"总方针；另一方面，面对时代展现的新挑战、新要求、新机遇，在国际平台上努力创新外交理念和手段。而这背后的重要原因是新时代中国外交继续受到"和而不同、平衡和谐"的中华文化话语体系的引领。

为此，本章首先叙述建国以来所走过的外交历程，揭示其发展方向和道路；接着论述中国共产党在制定外交政策中的引领作用；进而描述反映、构成中国文化传统重要方面的中国话语理论体系（如宇宙观念、思维模式、行为伦理、构建法则），提示其在中国外交实践中的重要地位和作用；最后，实证分析当下俄乌冲突、大国博弈语境下中国外交的话语实践，厘清表层交际策略，发掘深层战略意图。

从中国文化传统、社会制度、当代实践的角度，理解认清中国新时代外交，不仅可以推进中国特色大国外交的理论升华，助力"中国梦"

的实现和人类命运共同体建设,而且可以为国际社会认识中国道路提供新视角、新景观。

5.2 文化话语视角下的中国外交

美西方主导的中国外交理论往往从现实主义、机构主义或建构主义出发。其缺陷在于忽视了文化多样性、本土主体性;加之美西方的中心主义意识形态和二元对立的思维方式,因而导致对中国外交的妄议抹黑,构成"中国威胁论"话语体系的基础。

要正确且准确认识当代中国外交,把握其基本规律和特点,不能离开社会历史实践,不能离开国家总体发展大环境,不能离开特定社会政治制度,不能离开文化传统。若不从历史纵向的和文化横向的、本土的和全球的视角去观察和理解,便不可能抓住中国外交的本质,也不可能理解其外交实践。因此有学者提出,中国外交是世界文明大国、社会主义大国、发展中大国三位一体的产物;文化、政治、社会条件决定了中国外交的独特性(杨洁勉,2016a)。按照这样的思路,学界主要从历史沿革、中外互动、文化传承三个角度阐释当代中国外交的规律。

第一,从历史沿革看,贯穿新中国成立至今的外交政策与实践的主基调是和平,而独立、自主、平等、和睦、反霸是中国和平外交体系的有机组成部分(江时学,2021;叶淑兰,2021)。"70年来的外交呈现出:和平是中国外交的最鲜明特征,社会主义是中国外交的本质属性,胸怀天下是中国外交的情怀"(卢静,2019:20)。"以和平为基石,以独立为原则,以正义为本位,以负责为品质,以为民为宗旨,构成了当代中国外交价值观的基本内涵"(刘普,2022:76)。

第二,从中外互动看,自改革开放以来,中国政治经济社会快速进步,综合国力大幅提高,国际地位不断上升,因而日渐衰退的超级大国以及守成强国感到了其霸权的危机,所以拼凑各路力量围堵中国。新时代,基于国家从站起来、富起来到强起来的历史性变化,又根据世界格局的全球化、多极化,中国审时度势,提出了以构建人类命运共同体(community of shared future for mankind)为指针的中国特色大国外交新战略，继续推动世界秩序朝着和平发展的方向前行。换言之，新时代中国的创新表述和愿景，并没有改变中国外交的核心要义：求和平，谋发展（王义桅，2021）。

第三，从文化传承看，当今中国的外交战略渗透着中华民族历史积淀的精神遗产。"文化一直是影响国家外交的重要因素，会对一国的外交目标、手段、方式和风格产生直接影响"（孙吉胜，2017：1）。"外交话语是体现国家文化传承、意识形态、重大利益、战略方向和政策举措等官方基本立场"（杨洁勉，2016b：18）。通过传承中华优秀文化传统，发挥建国以来的外交实践经验，中国保持了外交政策的原则性、长期性、连续性、稳定性（Seesaghur & Robertson，2016；王帆，2021）。

本章认为，从文化话语体系的视角出发，可以对当代中国外交的特性获得更加具体、明晰、系统的认识和阐释：外交最主要和最重要的形式是话语，而一国之外交话语实践的基础与核心乃是话语体系。话语体系的形成、发展和使用，受制于因而也反映了文化传统（如宇宙观念、思维模式、行为伦理、沟通技术）和时代背景（如现实状况）。据此可以说，特定的话语体系引导、支撑、形塑了新时代中国特色大国外交话语。

让我们先从文化话语研究的视角，解说这里相关的理论和概念（Shi，2014；施旭，2022a）。文化话语研究以人类交际（communication）为对象，将其看作由不同文化话语体系组成的多元统一体，通过演进互动由低级文明走向高级文明；其目的是揭示不同文化话语的特点规律及相互关系，进而推动人类文化和谐与繁荣；其意义在于促进学术文化的多元创新，推动世界进步。

在此框架下，外交实践的基本形式和主要路径可以看作话语，即特定群体在特定的历史和文化关系中以语言和媒介使用为特征的交际实践；它构建现实，施动行为，生成权力。这是因为外交作为国家战略的重要支柱，其主要形式方式便是言语交际活动，或者说是话语；话语更是外交实践中不可或缺的层面，它构成、实施、发展外交工作。

外交话语的背后有其一定的话语体系，它指导、支撑、形塑具体的外交话语实践。话语体系，指一个群体在特定语境下为着某种目标进行话语实践所依赖的思想系统和运作系统的统筹体系：（1）思想系统包括

第5章　中国外交政策的全球传播

概念、观念、伦理、规则、符号、知识、信息、策略等；（2）运作系统包括组织、体制、程序、设备、技术等；作为特定群体的话语能力，构成、支撑、指导话语实践，因此影响其成效。

无论作为实践还是形塑实践的体系，外交话语具有相互依存的历史性和文化性，即时间上的转化关系（如扬弃、继承）和体系上的族群关系（如异同、互动）。两者之总和便是文化传统。因为话语体现民族传统及其相互关系，我们又称之为文化话语，如中国、亚洲、东方、西方话语。当代中国话语体系又可以分为对内（本土）和对外（全球）相辅相成的两支。中国外交话语当然属于对外话语，它是大国国际交往、全球治理之重器。

这里要重点阐述的理论观点是，作为中华文化传统组成部分的中国文化话语体系，在当代中国外交话语实践中起到了重要的作用。如果不从文化视角看中国外交，便无法认识其政策思想和实践行为。"外交话语是体现国家文化传承、意识形态、重大利益、战略方向和政策举措等官方基本立场"（杨洁勉，2016b：18）。

中国话语体系有多重基础品质特点。这里只再现影响对外话语的核心成分。

第一，当代中国话语基于"整体全面"的认知视域。与西方原子主义视域不同，中华文明具有世界是完整统一的直觉、包容、形象的观念，即所谓的宇宙统一、万物相联的观念——"整体观"（高晨阳，1988：34）。据此，主与客、人与自然、天、地、人的统一，不可分割。中国的整体全面的认知视域，可以追溯到6000—7000年前的《易经》。老子说："道生一，一生二，三生万物"（《老子》）。庄子说："天地与我并生，而万物与我为一"（《庄子·齐物论》）。宋代张载提出的"天人合一"也是这种观念的典型表述。这种形象的整体概念，对于中华文明独特的汉字、中医等起了巨大的推动作用（吕嘉戈，1998）。

这种整体全面的多维视野普遍反映在当代中国话语实践之中。于2017年11月2日被写入联合国相关决议的"构建人类命运共同体"倡议，深刻地反映了当代中国的世界胸怀。在2021年4月22日"领导人气候峰会"上，习近平主席这样讲道："气候变化带给人类的挑战是现实的、严峻的、长远的。但是，我坚信，只要心往一处想、劲往一处使,同舟共济、守望相助,人类必将能够应对好全球气候环境挑战,把一个清洁美丽的世界留给子孙后代。"围绕中国国际进口博览会、联合国维和行动、中医药抗击全球疫情、国际农村减贫事业等话语实践,也都直接或间接地彰显了中国人整体全面的世界观、人生观(孙德刚,2020)。

第二,当代中国话语依循"辩证联系"的思维方式。不同于古代希腊尤其是近代希腊以逻辑为基石的思维方式,中华文明以直觉、形象为思想路径,追求事物之间的复杂联系。古代的阴阳、五行、八卦学说都反映了这种归纳和象征事理的思维模式,反映了辩证看待世界和人生的特点(彭华,2017;王树人,1990)。老子曰:"有无相生,难易相成,长短相形,高下相倾,音声相和,前后相随"(《老子·道经》);"祸兮福之所倚,福兮祸之所伏"(《老子》)。比如,传统中医理论便反映了这种辩证思想方法:"阴阳者,天地之道也,万物之纲纪,变化之父母,生杀之本始,神明之府也,治病必求于本"(《素问·阴阳应象大论》)。

在当代中国话语中,人们往往通过发掘和利用事物的两面性、联结性、镶嵌性、转化性、相对性、相生性、相克性等,以发掘产生冲突或困难的原因,找到解决矛盾或问题的方法,看到危机转化的希望。比如,在治国理政方面,中国有许多辩证统一的观点和表述:法治和德治相互补充、相互促进、相得益彰;计划经济与社会主义,市场经济与资本主义,其关系不是恒定的,而是变化的;国内循环与国际循环相互协调,共同发展。又如,《中共中央关于制定国民经济和社会发展第十四个五年规划和二〇三五年远景目标的建议》体现了对于"中与外""近与远""总与分""本与流""立与破"的关照(何锡辉、王芝华,2021:32)。尽管霸权政治、分裂对抗、发展赤字、环境恶化是摆在世界人民面前的难题,但是中国却看到了世界多极化、文化多元化、传媒去中心化、人民心向和平繁荣的有利因素和转化可能,适时提出"百年不遇的大变局""一带一路""共商共建共享"的新倡议。

第三,当代中国话语秉持"平衡和谐"的交往伦理。与强调个人的自由、权力、公正和关爱价值的西方传统不同,中国人的交往道德更加重视集体的利益和个人的责任,要求人们和睦友好,宽恕谦让,平等相待。自古以来,中国是一个重礼尚德的社会:格物、致知、诚心、正

第 5 章　中国外交政策的全球传播

心、修身、齐家、治国、平天下,始终是做人处事的伦理规范。"天时不如地利,地利不如人和"(《孟子·公孙丑下》);"己所不欲,勿施于人"(《论语·颜渊》)。《周易》提出了"保合太和"的价值理想。孔子曰:"礼之用,和为贵"(《论语·学而》);"君子和而不同,小人同而不和"(《论语·子路》)。同时,"中(庸)"与"和"的原则一脉相承:在两极中取得动态平衡,或求同存异,实现总体和的目标。

当代中国话语实践充满了多元一体、和而不同、共享共赢的动机(励轩,2021)。大型政论节目《中国正在说》一方面批判"西方中心论"和"市场原教旨主义"等错误;另一方面说明中国坚持社会主义立场,将国家变成世界第二大经济体,让 9800 多万人脱贫,不仅在中华民族历史上首次消除绝对贫困现象,也为世界减贫作出巨大贡献(杨青,2021)。中国人常讲"一花独放不是春,百花齐放春满园",因此始终把自身发展和发展中国家的发展结合起来,支持和帮助最不发达国家减少贫困、改善民生,促进各国人民共享的理念,推动构建"人类命运共同体",体现了中华民族的怀柔远人、和谐万邦的伦理。2014 年 3 月 28 日习近平总书记在访问德国柏林时讲道:"和平、和睦、和谐的追求深深植根于中华民族的精神世界之中,深深融化在中国人民的血脉之中。"当然,当代的"和"是建立在平衡的、和而不同的基础上的。2020 年 11 月 30 日,中国外交部发言人赵立坚在其推特账号对于澳大利亚士兵在入侵阿富汗期间涉嫌随意屠杀阿富汗平民的行径,进行强烈谴责,声张和平良知。

第四,当代中国话语运用"言不尽意"的沟通技术。不同于西方文化通过符号直接或间接交流意义,中国人的表意和理解不完全通过客观的符号:古人智慧"书不尽言,言不尽意""言有尽意无穷",一方面显示了中国人关于言语局限性的特殊认识,但另一方面也反映了关于语言传意潜在性的观察。这就解释了为什么中国人言语常常表现出间接含蓄飞扬的性质,中国人有谨行慎言的品质,中国话语传统中有"声东击西""虚实相生""弦外之音""讷于言敏于行(《论语·里仁》)"的描述。

当代中国话语实践中的古语、谚语、俗语、成语、诗句、网红语等现象,也是"言不尽意"的表现。习近平主席以"日月不同光,昼夜各有宜"来讨论中美两国相处之道。[1] 外交部发言人华春莹以鲁迅小说《祝福》中祥林嫂的喋喋不休,来隐射美国前国务卿蓬佩奥的行为举止。[2] 像这样当代话语中的古诗、成语、比喻,甚至创造的网络新词,都是中国人非直接、诗性传意,但同时又给对方想象空间的策略。特别是在跨文化交际中,因为这些策略含蓄而不至于严重冒犯对方,又因为文化的藩篱,往往激励对方进一步交流学习。

第五,当代中国话语坚持"自主创新"的构建原则。中国哲学的一个核心观念是,宇宙的本质特点和根本事实是变易(张岱年,2005),即世界万物都在变化发展之中,生生不息,薪薪相续,而且将这种变化总结为阴阳的无穷交替。《易经》《易传》都表达了这样一种变易学说;《周易》提倡"与时偕行""革故鼎新"。中华文化的这一观念,不仅对于认识和指导当代中国话语实践具有重要意义,而且对于纠正西方关于中国的认知错位也有极好教育意义(因为长期以来,西方政府、媒体、学界往往用老眼光看中国,无视中国的变化发展)。

那么,首先要指出的是,中国话语实践,包括其内在的体系,总是随着国内外语境演化而嬗变,形成了不同的话语主题和形式,但始终保持内生主导力量。文化层面上,(1)鸦片战争以后,西方技术理性与马克思主义的博弈,激发了"中国革命斗争"的话语体系;(2)改革开放以来,实事求是的思想,以及自由主义、新左派、民族主义等杂糅,催生了"中国经济建设"的话语体系;(3)进入中国特色社会主义新时代,理论创新、主动实践、改变世界的诉求,引发了"中国文化自强"的话语体系(何田田,2021:61;李福岩,2017:43;马忠、薛建航,2021:125)。社会层面上,比如在外交领域,主题上走过了从"和平共处五项原则"到"构建人类命运共同体"的历程;在国际传播领域,走过了从"红色中国""开放中国"到"全球中国"的转型(史安斌、张耀钟,2019:26;杨明星、周安祺,2020:107)。

中国话语创新的具体事例也层出不穷。新媒体环境下,传统媒体不

---

1 2015年9月22日,习近平在华盛顿州当地政府和美国友好团体联合欢迎宴会上的演讲。
2 2019年12月3日外交部例行记者会上华春莹:"蓬佩奥好像祥林嫂,不过他叨唠的是有毒谎言。"

第 5 章　中国外交政策的全球传播

断推进融合；省级党报形成覆盖多媒体的新型媒体集团，在报纸、"两微一端"等平台积累资源；跨区域联动报道实现新闻产品的多面多点传播。借助 Kwai（快手海外版）、古筝、陶艺、茶具、花瓶、竹沙发等成为全球响亮的中国文化符号，因为这些器物同时具有世界可识别的元素。美食自媒体短视频李子柒在 YouTube 上订阅用户数量已超过美国媒体 CNN 和英国新闻媒体 BBC 在该平台的订阅用户，因为作品里的中国田园、美食、餐具同时具有人类共同体的意味。全球化媒体 CGTN、平台 TikTok 取得良好效果，也是由于类似的原因。CGTN 女主播刘欣于 2019 年 5 月 30 日应约与福克斯商业频道女主播翠西·里根（Trish Regan）就中美贸易等相关话题进行长达 16 分钟的公开辩论，之后美国福克斯电视台（FOX）、《纽约时报》（NYT）、彭博新闻社（Bloomberg News）、美国有线电视新闻网（CNN）、英国广播电视台（BBC）等西方媒体播发新闻报道及评论近 2 万次，在全球社交网络上的转发和点击率超过 126 亿次——CGTN 的行动不仅开启了中美媒体的直接交流对话先河，而且使得西方媒体接棒传导中国声音、实现中美媒体交互。

全球传播的格局和秩序，没有破就没有立。那么，只要中国话语继续增长、不断创新，并始终积极参与地区、国际和全球交流互动，就一定可以改变人类当下和未来的困局。

当代中国话语体系中的整体全面、辩证联系、平衡和谐、言不尽意、自主创新的思想和交际特质，恰恰也是引导、形塑、构建、承载中国和平外交的关键元素；它们的综合系统的运用，造就了可谓"和而不同"的外交战略。

下面就以中国外交理论与中国文化话语理论的联合框架，分析阐释俄乌冲突过程中中国外交部门的话语行为。

5.2.1　中国外交话语实例分析一：语言使用

俄乌冲突爆发后，美西方不断质疑批评和指责中国，甚至以制裁相威胁。这些攻击围绕中国不与西方一道谴责和制裁俄罗斯，以及中国不帮助乌克兰捍卫主权和安全的问题。为此，中国国家元首和外交部门一次又一次地做出了回应。这里可以观察到四类交际策略。

以下，让我们首先观察中华文化里的整体观，特别是当代中国话语理论体系中全面综合言说定律，是如何在中方表述上反映的：

【1】秉持"安全不可分割原则"，最终形成平衡、有效、可持续的欧洲安全机制。[1]

【2】倡导共同、综合、合作、可持续的安全观；致力于构建人类命运共同体。[2]

【3】长远之道是要摒弃冷战思维……这样才能实现欧洲大陆的长治久安。[3]

【4】中方一贯认为，各国安全应该是共同、合作、可持续的……俄方的合理安全关切应当得到重视和解决。[4]

这里，我们可以看到，中方运用全面、多元、长远、稳妥、联合的尺度，来观察、解析、描述和评价有关国家和地区的安全事务，并以此表达自己的观点立场：国家安全，不能以国家分割；国家、地区安全的愿景，从全面、合作、共享、长久的角度来界定；寻求解决问题的目标，以长远作为标准；解决问题的方法，以包容为原则；安全实践的路径，以交互、联合、利他为伦理；人类应该努力的方向是建设共同体。尤其值得注意的是，在美西方强调乌克兰国家安全的背景下，中国采用了联合国宪章更加广泛的安全概念（见例1），这个更加宽阔的概念不仅涉及空间，而且涉及时间、精神、社会、权势（见例2–例4），尤其指出俄罗斯的安全同样应该受到尊重（见例4）。

接着，让我们分析中华文化中的辩证联系的思维模式，或更加具体地说，当代中国话语理论体系中辩证联系的言说策略是如何反映在中方阐述上的：

---

1 梁建全. 2022. 驻拉脱维亚大使梁建全就乌克兰危机等接受《波罗的海时报》主编专访. 中国人民共和国驻拉脱维亚大使馆，5月15日.

2 王毅. 2021. 团结在联合国旗帜下，携手推动构建人类命运共同体. 学习时报，12月15日.

3 王毅. 2022. 中方的主张客观公允，站在历史正确的一边. 新华社，3月20日.

4 华春莹. 2022. 外交部发言人就乌克兰问题、美俄关系等答记者问. 新华社，2月24日.

【5】乌克兰问题有其复杂历史经纬，局势演变至今是各种因素共同作用的结果。要想正确客观认识并寻求理性和平的解决方案，有必要了解乌克兰问题的来龙去脉，在平等和相互尊重的基础上，妥善解决彼此合理安全关切。[1]

【6】冰冻三尺非一日之寒。乌克兰局势发展到今天，原因错综复杂。[2]

【7】中国有两句老话，一句是"一个巴掌拍不响"，另一句是"解铃还须系铃人"。[3]

【8】乌克兰问题走到今天并非偶然，是各种因素综合作用的结果，也是多年积累矛盾的爆发，根子在于欧洲的安全问题，北约无限制东扩的做法值得反思。[4]

【9】一些国家应该想一想，在美方违背同俄罗斯的协议五次将北约东扩至俄家门口并部署大量先进进攻性战略武器时，他们有没有想过把一个大国逼到绝地的后果？[5]

【10】同美方以意识形态划线拉帮结伙搞"小圈子"和集团政治、制造对抗和分裂有着根本和质的不同，对于那种非友即敌的冷战思维和拼凑所谓的同盟和"小圈子"的做法，中方不感兴趣也不会效仿。[6]

这里，中方不是把"乌克兰问题"看作简单孤立偶然的现象，而是将其与多重、复杂的事物联系起来；同样，中方不是把世界、地区或国家间关系看成可以分割的，而是对此表达了批评态度。比如，中方提

---

1 华春莹. 2022. 外交部发言人就乌克兰问题、美俄关系等答记者问. 新华社，2月24日.

2 王毅. 2022. 王毅谈化解乌克兰危机的四点主张. 新华社，3月7日.

3 新华网. 2022. 习近平同美国总统拜登视频通话. 新华社，3月19日.

4 王毅. 2022. 王毅：中国和发展中国家对当前欧洲变局有合理关切和相似立场. 新华社，3月20日.

5 华春莹. 2022. 外交部发言人就乌克兰问题、美俄关系等答记者问. 新华社，2月24日.

6 例行记者会. 2022. 2022年2月24日外交部发言人华春莹主持例行记者会. 中华人民共和国外交部，2月24日.

出，乌克兰问题是许多复杂因素（多重联系）长期运作（时间联系）的结果（因果关系）；俄罗斯采取反常行动，是由于美国主导的北约（分裂关系）持续进行（积累关系）威胁性（因果关系）扩张（因果关系）。这里还值得注意的是，中方提醒对方运用联系的思维方式（见例5、例7），秉持相互关切的精神（见例5、例9）；而且，还借用中国民间俗语凸显因果联系（见例6、例7），并以冷淡的态度否定对方的分裂行径（见例10）。

让我们再来分析，面对战争、冲突、分裂、对抗、制裁、侵略问题，当代中国话语的平衡和谐原则是如何体现在中方关于俄乌冲突的外交表述上的：

【11】中方支持和鼓励一切有利于和平解决乌克兰危机的外交努力。[1]

【12】中方历来不赞成安理会决议动辄引用授权动武和制裁的第七章。[2]

【13】中国坚持走和平发展道路；中方历来主张和平，反对战争，这是中国历史文化传统。[3]

【14】长久之道在于大国相互尊重、摒弃冷战思维、不搞阵营对抗。[4]

【15】一国安全不能以损害他国安全为代价，地区安全更不能以强化军事集团为保障。[5]

【16】维护和平、反对战争，是中国的历史文化传统，也是我们一贯的外交政策。[6]

---

1 例行记者会. 2022. 2022年3月30日外交部发言人汪文斌主持例行记者会. 中华人民共和国外交部，3月30日.

2 王毅. 2022. 王毅阐述中方对当前乌克兰问题的五点立场. 新华社，2月26日.

3 新华网. 2022. 习近平同美国总统拜登视频通话. 新华社，3月19日.

4 外交部. 2022. 外交部副部长乐玉成出席第四届战略与安全国际论坛并发表演讲. 中华人民共和国外交部，3月19日.

5 外交部. 2022. 王毅：世界要好起来，各国必须警惕和抵制各种"新冷战"图谋. 中国新闻网，2月19日.

6 外交部. 2022. 王毅同乌克兰外长库列巴通电话. 中华人民共和国外交部，4月4日.

第 5 章 中国外交政策的全球传播

【17】中方一贯反对在国际关系当中动辄使用单边制裁或以制裁相威胁。当前形势下,单边制裁只会加剧分裂和对抗。中方呼吁各方保持理性,通过对话和谈判,推动乌克兰危机及相关问题的全面解决,不要做刺激局势紧张、渲染炒作危机的事情。[1]

【18】近代以来,中国遭受过八国联军和外国的殖民侵略,对于丧权辱国有着特别悲惨的记忆。就在并不遥远的 20 多年前,中国驻南联盟使馆被北约轰炸,造成三名中国记者牺牲、多人受伤,北约至今还欠着中国一笔血债;对话谈判才是化解危机最现实可行的方式。[2]

这里我们可以看到,中方声张追求和平、反对战争的立场(见例 11、例 13),并指出这是中华民族的传统和外交政策(见例 13、例 16);同样,表达反对动辄制裁的破坏和谐行为的立场(见例 12、例 17);提示大国应该遵循的路线是和平相处、避免分裂对抗(见例 14);也提出一国安全利益不应损害他国安全利益的国际道德(见例 15);指出在冲突危机条件下,要用对话谈判代替激化矛盾的做法(见例 17、例 18);在反战促和的同时,中方还提醒北约,中国不会忘记其欠下的战争血债(见例 18)。

在中国话语理论体系中,还有一个突出的交际策略,即言不尽意,虚实相生,声东击西。那么最后,让我们探索中国外交话语在批评对方或寻求在某问题上的认同的时候,是如何进行言说,以避免或减弱矛盾冲突、激发对方或他者自主反应,进而获得更好的修辞效果:

【19】一些国家应该想一想,在美方违背同俄罗斯的协议五次将北约东扩至俄家门口并部署大量先进进攻性战略武器时,他们

---

[1] 例行记者会. 2022. 2022 年 2 月 15 日外交部发言人汪文斌主持例行记者会. 中华人民共和国外交部,2 月 15 日.
[2] 例行记者会. 2022. 2022 年 2 月 24 日外交部发言人华春莹主持例行记者会. 中华人民共和国外交部,2 月 24 日.

有没有想过把一个大国逼到绝地的后果？[1]

【20】现在问题的关键是，作为当前乌克兰局势紧张的始作俑者，美方在这场危机中扮演了什么角色？发挥了什么作用？如果有人一边火上浇油，一边指责别人救火不力，这种行为是不负责任的，也是不道德的；[2]

【21】我赞同(阿尔及利亚)拉马拉外长的一个观点，在联合国大会讨论乌克兰问题时，中阿双方还有不少国家都投了弃权票；[3]

【22】在乌克兰问题上，中国不谋求地缘政治私利，没有隔岸观火心态，更不会做火上浇油的事情；[4]

【23】美方的制裁解决问题了吗？世界因为美方的制裁变得更好了吗？乌克兰问题会由于美方对俄罗斯实施制裁而自然解决吗？欧洲安全将由于美方对俄制裁而变得更有保障吗？[5]

【24】当你伸出手指指责别人的时候，不要忘了还有三根手指指向自己，那些指责中国在乌克兰问题上袖手旁观的人，首先应该扪心自问，自己到底在这场危机中扮演了什么角色？到底是谁推动了北约连续五轮东扩？到底是谁连月来在乌克兰不断拱火浇油，渲染制造紧张氛围，最终导致局势失控升级。[6]

【25】对于乌克兰的平民来说，他们更需要的是食品和睡袋？还是机枪和炮弹？[7]

这里，我们发现中方习惯性运用连串疑问句、反诘句，时而叠加反比句，并强调对方进行反思；也运用隐喻，借助他者的认同和认同者的

---

1 华春莹. 2022. 外交部发言人就乌克兰问题、美俄关系等答记者问. 新华社, 2月24日.

2 同上。

3 王毅. 2022. 王毅：中国和发展中国家对当前欧洲变局有合理关切和相似立场. 新华社, 3月20日.

4 外交部. 2022. 王毅同乌克兰外长库列巴通电话. 中华人民共和国外交部, 4月4日.

5 华春莹. 2022. 外交部发言人就乌克兰问题、美俄关系等答记者问. 新华社, 2月24日.

6 外交部. 2022. 2022年3月10日外交部发言人赵立坚主持例行记者会. 中华人民共和国外交部, 2月24日.

7 外交部. 2022. 2022年3月18日外交部发言人赵立坚主持例行记者会. 中华人民共和国外交部, 2月24日.

数量；另外还使用反衬手法。具体地说，在冲突的根源的问题上，中国以反诘句提醒美国反思（见例19、例24、例25），让美国反省其行为的性质和后果（见例20、例24），彰显中国行动的国际理性基础（见例21），也暗指损害和平的始作俑者（见例22），以反诘句否定压制行为，推崇对话谈判（见例23）。

须知，这几段外交话语表达相辅相成。那么，综合起来看，中国外交话语所反映的全息视域、辩证思维、崇尚和谐、含蓄沟通的特征，环环相扣，相互配合，共同铸就了中国外交和平稳健的风尚和风格。

5.2.2 中国外交话语实例分析二：媒介使用

下面让我们转而观察平台的利用。这里我们将看到，中国外交为了反击美国的无端指控，积极运用信息数据的平台化。美国国务卿布林肯于2022年5月26日在乔治华盛顿大学发表了题为"The Administration's Approach to the People's Republic of China"的演说，在中国的政治、经贸、科技、主权等多个领域攻击中国。除了在官方网站之外，美国国务院以及布林肯本人还在YouTube和Twitter发布了全文。在其他平台像United State Newswire、Caribbean News Global、The America Times、Top Africa News，还有美国驻萨尔瓦多、意大利大使馆和中国使领馆的平台，也展示了演讲全文。

在不到一个月的时间里，中国政府外交部于2022年6月19日发布了题为"美国对华认知中的谬误和事实真相（Reality Check: Falsehoods in US Perceptions of China）"的声明。

对于中方的这一举动，我们希望对于其媒体平台的运用做一分析，目的是要弄清我国外交部运用了哪些平台化手段；同时又以现有的和应该可以实现的平台化技术为标杆，挖掘进一步拓展的空间。因为这里关注的重点是平台化工具种类，以下观察并非完整全面。作为相关分析对象，布林肯的演讲稿大约21页，其中在政治、外贸、科技以及民族问题上共提出数项指控。而中方声明长达62页，分21条进行反驳，而且每一条都有多项关于美国负面事例或数字的陈述。

类型一，各级政府网站全文发布。下面可以看到，国家外交领域最权威机构以正式公开的方式在国家和地方政府平台发布文章全文，而且使用了中英两种文字。当然，如果省、市两级政府全体发布，影响面会更广。

1. 中华人民共和国外交部（中文版），全文展示；
2. Ministry of Foreign Affairs of the People's Republic of China（英文版），全文展示；
3. 苏州市人民政府外事办公室，全文展示。

类型二，驻外使馆官网全文发布。搜索发现两个使馆网站发布全文。同样的分析问题又反向提示，如果中国所有驻外使馆、领事馆一齐发布这篇文章，那么影响效果会不一样。

1. 中华人民共和国驻美利坚合众国大使馆，全文发布；
2. 中华人民共和国驻越南社会主义共和国大使馆，全文发布。

类型三，官媒在其网站全文发布。从下列情况可以看出，国家最重要的官方媒体都一致发布了全文。而且许多媒体采取了多种形式，比如光明网，除了发布中文全文外，用了英文的凝缩的和全文的两个版本，并加以图片突出重点（见图5.1、图5.2）。

1. 光明网，全文展示；
2. 新华网，全文展示；
3. *China Daily*，全文展示；
4. *The Global Times*，全文展示；
5. *People's Daily Online*，全文展示；
6. CGTN，部分展示；
7. ECNS，全文展示；
8. 中国军网，全文展示；
9. 北京周报，全文展示。

第 5 章　中国外交政策的全球传播

图 5.1　划重点展示

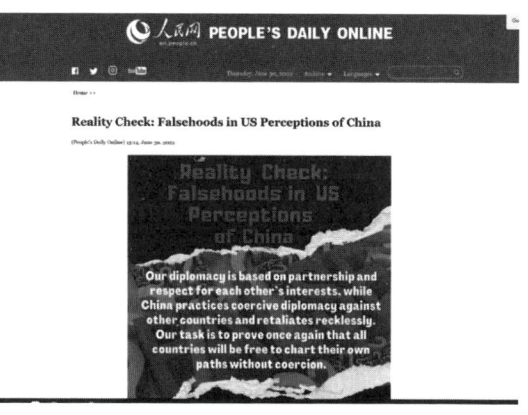

图 5.2　图文并茂展示

类型四，国内官媒在国外平台发布。这显然是更加贴近国际社会之举。这里，有些是部分发布，并附全文链接，有些还附图片链接。特别值得注意的是，这篇针对美国的文章放在了美国的强势平台，对美国以及全球民众都会有更大的影响。

1. LewRockwell.com，新华网，附全文链接；
2. World News，新华网发布，附全文链接；
3. Flipboard.com，《中国日报》发布；
4. Ground News，《人民日报》发布，链接到自己制作的图片；

5. The World News Monitor，《北京周报》发布；
6. YouTube，《中国日报》发布；
7. Twitter，中国外交部相关人员发布；
8. Facebook，《中国日报》发布；
9. WE ARE CHINA，中国官媒发布；
10. WikiSource，全文发布。

类型五，中美合作机构发布。驻美中美合作组织的网络平台发布中国外交部的文章，可以较为有效地影响关乎中美关系的特殊群体，因为这个群体比普通群体可以更加直接地影响两国关系。

1. 南加州大学美中学院（USC US-China Institute），全文展示；
2. 美中贸易全国委员会（USCBC），全文展示。

类型六，国外组织和个人展示中国声明。外国组织以及个人自发地在自己的平台上展示中国声明。相对于中方作为行动主体在国外媒体平台发文，可以更加直接地影响本土受众，这本身也在一定程度上反映了中方话语的效应。下列三项是机构的：

1. USSA News，部分展示；
2. Reddit，附全文链接；
3. Axis of Logic，部分展示。

不难想象，这样多元的主体，在这样多元类型的国际平台上，公布这样内容的信息，可能造成怎样的反制效果。无论怎样，这一行动将实现某种程度的国际权力的平衡。需强调，这样的网络平台运作，仅仅在几年前还是不可能实现的。

5.3 小结

针对包括学界在内的国际社会对中国外交的误解和曲解，又鉴于国内研究对外交话语作用和意义的认识不足，本章以话语理论和话语实践两线，双重揭示了新时代中国特色大国外交的规律与特点。以文化话

第 5 章　中国外交政策的全球传播

语研究范式为指针,本章提出,基于文化传统、历史实践、国际语境等因素形成的中国话语体系(包括认知视域、思维方式、交往伦理、沟通艺术、运行规则),引导、支撑、形塑、维系、推进新时代中国外交话语实践,而这一体系的核心要义可以归结为"和而不同"。以此为起点,作者进而阐释有关俄乌冲突和中美大国博弈的中国外交话语实践。分析结果发现,在严峻的美西方挑战面前,由于中国话语体系核心特性的作用,当代中国外交话语实践,运用一系列创新交际策略(如语言的、媒介的),最终为了民族平等,世界和谐。最后,基于上述理论探讨和实践方向,作者提出下列中国外交话语的新战略构想。

其目标是消解"中国威胁"论及相关偏见和歧视,逆转新冷战趋势,引领全球治理,加快"人类命运共同体"建设,推动世界朝着平衡和谐的新国际秩序方向发展。

其任务是继续弘扬中国话语体系中的优良元素,在话语实践中加强中国全球传播话语体系和能力的建设;大力宣传、交流、丰富、实践"人类命运共同体"理想,促进文化多元共存共生,揭露、批判、化解、抵制分裂世界的行径;积极发掘并利用事物的联系,以促进全球团结与合作,破解人类共同难题,增强国际社会战胜困难的信心和决心;坚守平衡和谐的立场,消解文化霸权,倡导文化和谐;与时俱进,充分利用好信息技术,不断创新进取;向世界解释中国话语的规律和特点,持续推动中外对话交流,以世界话术讲中国故事,中国话术讲世界故事,让不同文明文化用交流替代交火。

第6章
中国城市形象的全球传播

城市国际化问题近年来越来越受到学术界的关注,然而至今仍没有学者全面系统地从全球传播的角度对此进行研究。在本章里,我们以文化话语研究为框架,聚焦杭州的国际化历程,目的是从中发掘和梳理为国际化而采用的全球传播策略,进而提出打造世界名城、谋划全球传播的新战略,也希望杭州经验为其他相似城市的国际化发展提供启发和思路。[1]

城市国际化问题近年来越来越受到学术界的关注(Ashtoreth,2009;Berci et al.,2002;Kavaratzis,2004;Ravi,2019;Wang et al.,2020;施春来,2014;孙旭、吴赟,2012;王萍萍,2015;赵文丹,2010)。

城市全球传播,可以涉及城市发展的多个领域,如政治、经济、社会、文化、艺术、教育、卫生、科技。本章选择最为突出反映杭州特色的传播实践为标准,划分下列六个范畴:(1)杭州政府全球传播;(2)杭州企业全球传播;(3)杭州旅游全球传播;(4)杭州节会全球传播;(5)杭州峰会全球传播;(6)杭州媒体全球传播。因此,我们希望本章设定的范围能够较为全面地、典型地反映杭州全球传播的面貌(方秀云,2010;何春晖、陈露丹,2018;刘亚秋等,2016;赵莉、沈利,2010)。当然,这些传播活动在一些情况下、在以下方面有联系重合的地方,但为了清晰地表述不同传播活动各自的特点,这里以分论的形式处理。另外,其他的领域(比如教育、科技、文学、艺术)也值得研究。希望本章可以启发这些领域的研究,也希望能够引发更广泛的探索,比

---

[1] 卢美艳、郭海婷、葛恬、汪敏、赵锐、刘冬、楼诗杭分别为本章做了前期材料收集和分析,作者谨以表示衷心的感谢。

如国内外城市的比较。

就以下分析程序来说，本章将首先对每一类全传播活动给予历史概述，然后从不同交际要素的视角，对历史材料进行分析，理出重要突出的话语策略，最后在整体综合评判的基础上，为杭州打造世界名城的目标，提出该类型传播的新战略，即关于建设并实践全球传播话语体系的目标与策略。每一项传播活动有自己的特点，其发展战略对其他相关传播活动有借鉴意义但不可完全替代。因此，在本章的最后，将对杭州全球传播做出总体的战略筹划。

全球传播是交际各方互动的过程。本章的重点是考查杭州作为主体进行的全球传播，这是第一位的；它所产生的效果，是第二位的（尽管非常重要），由于研究范围所限，这里只是作辅助用途（比如显示杭州传播行动的国际关联性、国际社会的参与度），而且是在条件允许的情况下。毕竟，全球传播作为交际行为终会产生社会效应。另外，为了尽量准确描述杭州全球传播实践的经验教训，在材料允许的条件下，也将做相应的跨文化、跨城市对比。

在 2021 年由新华社《参考消息》报社、新华社新闻信息中心联合主办的首届"中国城市国际传播论坛"中，杭州荣膺"中国国际传播综合影响力先锋城市"称号。杭州全球传播研究将不仅对其打造"世界名城"有积极的指导作用，而且对国内外城市的国际化发展也有借鉴意义。

6.1 文化话语研究视野下的城市国际化及全球传播话语体系

为全面系统地调查、分析、阐释、评价、筹划杭州全球传播实践，我们将运用文化话语研究范式（Shi，2014；施旭，2017，2022a）。它强调整体、联系、系统地研究全球传播实践，并注重从文化主义的立场去理解和评判全球传播。这即是说，城市全球传播，不仅仅是语言符号现象，也不仅仅是媒介技术现象；不仅仅是城市本身现象，也不仅仅是国家本身现象；不仅仅是精神差异现象，也不仅仅是物质差异现象。城市全球传播，关系交际活动多元要素如何联动的问题，而且关系与其他

第6章　中国城市形象的全球传播

相关交际活动形成怎样的社会文化关系（如差异、联合、合作、融会、渗透、排斥、压迫、对抗等）的问题。因此，作为一种方法原则，本章的问题将不仅涉及谁（不）在说，如何（不）说什么，运用了什么媒介，而且涉及怎样的历史关系和文化关系，包括是否显现了民族文化的特色和人类文化的和谐。当然，这些问题的探讨还需根据研究对象的性质和研究目标而定。

中华人民共和国成立之后，杭州便迈开了城市国际化的步伐，并在目标、范围、路径上努力求新。城市国际化是指城市面向国际社会，为着提升国际联系的水平而进行的交际实践。城市的这种国际交往可以是生成向度的，比如展示自己的面貌、提供帮助；可以是接应向度的，比如感知对方、回应对方或顺应对方改变自己；也可以是建立某种联系，比如开展合作。本章要探究的对象正是以杭州为主体（包括杭州的政府、企事业、团体、个体）、自我国成立以来所进行的城市国际化实践。

城市国际化的最重要途径和手段是全球传播。不了解、不认识、不运用全球传播对于城市国际化的功能，就不可能实现城市国际化的目的。全球化背景下，全球传播的重要性不可估量。全球传播是指一定社会主体（如城市、国家、地区、群体、个人），运用媒介（如语言、音像、互联网），以一定的模式（如叙事、书信、会晤、集会），在一定历史和文化语境中与国际社会进行的交际实践。显然，这种交际实践由多元要素组成，一般地说包括：（1）对话主体（如参与个体或团体、身份、地位、社会关系等）；（2）言语、行动；（3）媒介（如新媒体）、场域（如时空选择）；（4）目的、效果（包括原因、后果）；（5）文化关系（如思维、价值、规则等及民族或社群的权力关系）；（6）历史关系（如与以往相关话语的传承、排斥、创新关系）。这里全球传播研究的范围将视对象具体情况而定，比如，杭州对于某个特定国家或地区的传播活动，也将纳入全球传播研究的范畴。

因为语言的使用是社会交际交往中必不可少的、最为普遍的环节，我们称这种多元要素组成的交际实践为话语。其实，一个城市无论在政治、经济、社会、文化、教育、科技、环境等领域的对外交流中，都必须依托个人和团体作为交际主体，通过语言和其他媒介渠道，运用合适的内容和方式，以达到交际的目的。尽管货物贸易也可以实现全球传播的目标，但是话语是不可或缺的，也更加举足轻重。

城市全球传播和城市本土传播是城市传播体系的两面，它们相互依存，相得益彰；两者各有自己的话语体系，但同时又共同形成一个综合话语体系。本章考查的重点是杭州的全球传播，但在可能的情况下将本土传播视角作为辅助手段（李雪威、李亚，2016；廖秉宜、任凯伦，2020）。

城市全球传播的成功与否，在一定程度上取决于其话语体系的强弱。话语体系指特定社会群体在特定社会领域里就某个问题或目标，进行话语实践所依托的交际体制和交际原则的统筹系统；一般地说，交际体制包括：为了交际目的可供操作的群体、机构、媒介、设备、渠道等是话语实践的"骨骼系统"；交际原则包括：为了交际目的可供操作的概念、价值、理论、策略等是话语实践的"神经系统"。功能上，话语体系引导、构成、支撑特定群体的话语实践，是该群体的交际能力所在，因而一定程度上决定交际的结果。因此，一个城市的全球传播水平如何、效果如何，要看话语体系是否全面、是否坚固、是否协调；为了提升话语实践的成功几率，就必须加强话语体系的建设。本章关心的重要内容便是杭州全球传播的话语体系问题；在本章的最后部分，我们将讨论如何建设完善的杭州全球传播话语体系。

话语体系的实际效能通过话语策略而实现。话语策略指在特定话语体系指导支撑下，为了某种交际目的，而对交际要素的选择性使用。比如，为了吸引国际社会对杭州的关注，运用新媒体而非传统媒体，市政府与民众合作而非市政府单独行动，以国际性语言讲杭州故事而非以中国语言等，都是话语策略。话语策略将是本章追踪的核心内容，因为它们反映的是全球传播的实际操作手法，同时也映射深层次的话语体系。

话语体系和策略，因不同的民族生活方式（即文化）而不同。正如上文已经暗示，城市全球传播作为话语，具有文化性，如同其他一切话语形式。文化是指特定民族生活方式中的思维、概念、认知、价值、信仰、语言、符号、习俗等；这些都因历史关系形成某种传统。然而，人类的不同民族生活方式，或者说不同的文化（如文化圈、文化体系），并非相互隔离，也并非相互平等。恰恰相反，它们相互作用，因而也形成权力关系：相互平等、渗透、影响、合作，或形成竞争、压迫、反抗。

文化的特殊性、文化间的差异关系、竞争关系反映在话语的全方位、全过程。每座城市演变发展，包括其传播实践，都深深折射了其植根的民族文化特性和在世界民族文化秩序中的位置。本章的重点就是杭州全球传播的文化特点，因为是否恰当地传达了主体的民族文化、是否顺利地被对方认识和认同，同样决定了城市全球传播的效果。

6.2 杭州全球传播实践

第一，政府全球传播。 杭州市政府为国际化而进行的全球传播起码可以追溯到 1929 年的第一届西湖博览会。从历史角度看，政府主导的传播的范围不断扩大、内容不断增加、形式不断变化。在传播活动类型上，市委市政府举办了金砖国家五个部长级会议、城地组织世界理事会会议；定期主办西博会、休博会、文博会、云栖大会、动漫节、国际人才大会等；协办了 G20 杭州峰会等。在城市品牌塑造上，杭州市委市政府推动了城市国际化定位发展：2004 年杭州旅游国际化；2006 年"生活品质之城"；2008 年"城市国际化"；2012 年"东方品质之城"；2016 年 G20 峰会后，"独特韵味、别样精彩"的"世界名城"；2018 年"全国数字经济第一城"，创建具有全球影响力的"互联网＋"创新创业中心、国际会议目的地、国际重要旅游休闲中心、东方文化国际交流重要城市。在媒介使用上，市政府以市属报纸、电视、网站等媒介为重点，利用境内外有效的宣传媒介和推广渠道进行立体宣传。在传播内容上，除了不断变化城市品牌本身，比如增添了打造"全国数字经济第一城"的目标，继续创建具有全球影响力的"互联网＋"创新创业中心、国际会议目的地城市、国际重要的旅游休闲中心、东方文化国际交流重要城市等四大个性特色，打造"独特韵味、别样精彩"的世界名城，等等。然而，作为城市国际化、建设"世界名城"的主导者和顶层设计者，杭州市委市政府仍面临诸多挑战和机遇，在全球传播方面尚可发挥重要作用，或者说，应该采取全球传播的新战略：以打造世界名城为指针，（1）建立专门专业机构引领全球传播工作；（2）用"世界方式"讲"杭州故事"；（3）推动创立更加清晰独特的城市品牌；（4）加强城市双语能力建设；

(5)鼓励市民作为城市代言人;(6)借船出海,借口说话,借筒发声。

第二,企业全球传播。大型企业在城市国际化方面起着举足轻重的作用。然而企业与城市的关系,尤其是前者的全球传播与后者的国际化的关系,尚未有系统的研究。本章聚焦杭州企业的全球传播,目的是发掘其中的传播策略,进而为杭州建设世界名城筹划企业全球传播的战略。通过对位于杭州的阿里巴巴、海康威视、吉利的全球传播实践分析发现:它们与各级政府合作传播走过了从产品到"产品+品牌"、价值观、文化的内容传播过程;走过了从国内到"国内+国外"的受众传播过程;与时俱进,兼用传统媒体和新媒体,并且手法多样化;而所有这些传播策略中都连带对于杭州城市的宣传。特别是对于打造世界名城的目标来说,企业在城市全球传播的工作上还有诸多策略可以加以应用:(1)与市政府确立建设世界名城的全球传播方针,以使企业全球传播在城市国际化上的任务和目标更加明确;(2)统筹企业的本土传播和全球传播两面,让城市国际化更加均衡高效发展;(3)加强企业的全球传播综合体系建设,让企业提升自我形象、助力城市国际化的平台与工具更加全面有效。

第三,旅游全球传播。在20世纪90年代,杭州提出了"国际风景旅游城市"城市口号,建设国际化旅游城市成为杭州目标和任务;随着时代的进步发展,杭州的旅游宣传迈进新媒体时代;特别是西湖申遗成功、G20峰会以及后续的海外宣传,对国际旅游产生了积极的影响。本章从传播策略视角分析发现,杭州国际旅游行业及相关主体采取了一系列行动:借国际活动传播杭州,借国际媒体传播杭州,借主题活动传播杭州,杭州—世界联合传播杭州,国际媒体传播杭州,国际友人自主传播杭州。面对后疫情时代和大国竞争新形势,杭州旅游事业需建立并实践一套全球传播的新战略:在打造世界名城目标的指引下,(1)凸显本市—本国—全球融合优势;(2)提升国际节会—峰会城市形象;(3)助力城市品牌创新;(4)培育城市外语交流能力;(5)打造全媒体传播体系。

第四,节会全球传播。大型城市节会是全球传播的重要基地和途径。本章聚焦杭州最为大型、典型的三个个案:西湖博览会、世界休闲博览会和中国动漫节。从传播策略视角出发,我们的研究发现:市政府持续

第 6 章 中国城市形象的全球传播

积极参与组织；符号彰显杭州意韵；拓宽传播渠道；开足媒体马力；借助国际峰会；组织多样活动；吸纳国际节会；采取"走出去"方针；缔结中外战略合作协议；中外媒体双向传播。在未来的杭州节会发展中，需在反观历史经验基础上，采取新的全球传播战略：为了加快实现建设世界名城的目标，（1）强化市民参与节会的意识，使其主动成为参与者、贡献者、传播者。这里特别需要鼓励普通民众，运用社交媒体通过节会宣传杭州。（2）利用新兴信息传播技术，建立强大可持续的网络系统，向本土和全球网民提供有关节会、杭州、中国与世界关系的交流平台。（3）更加积极广泛地运用外语，包括英语以外的其他重要语种。（4）挖掘和凸显杭州当代特色优势，比如电商、智能化。（5）让杭州节会的内容渗透到国际社会生活中去。

　　第五，峰会全球传播。城市主办、承办、协办国际峰会（即"城市峰会"）是城市全球传播的重要形式，是提升城市国际化水平的重要手段。所谓城市峰会，即由该城市主办、承办或协办的国际性、区域性的政经或文体集会。本章聚焦杭州峰会中最大型典型的四个个案：G20领导人峰会、国际日、杭州马拉松，以及将要召开的2023年亚运会。从全球传播视角出发，我们发现种类繁多的话语策略：市政府／市旅委／个人参与、发布（动画）宣传片、登录外媒传播、运用宣传（口号）契机，进行会外采访，分发宣传品，企业参与接待，志愿者服务，市／省／中央政府与媒体合作，与外国媒体合作，制作发布（动漫）影视作品，组织里程活动，举办文艺晚会，邀请境外媒体参与，使用多语种，利用互联网和新媒体（如社交网站、新闻客户端、手机网站、手机报），多频道转播，以及多国媒体／记者参与报道。在未来，为了打造世界名城的目标，杭州必须在借鉴历史经验的基础上，（1）创新官媒以改变其国际形象；（2）一鼓作气、趁势而上，以快速提升全球传播水平；（3）深耕细作，以精准施策；（4）以峰会精神为指针，以排除干扰、彰显各峰会初心。

　　第六，媒体全球传播。媒体，尤其是新媒体，是一个城市强化全球传播能力、提升国际化、全球化水平有效工具。本章聚焦杭州最为突出的对外媒体工具和窗口——"韵味杭州"。从媒体传播的跨文化视角出发，我们发现以下策略的优缺点：内容呈现丰富，手段运用多元，但过于官方化,缺乏互动,慢直播趣味性弱,团队专业低。相比国际社会,UGC 影响更大;Visit Seoul 专业性更强、内容更多、质量更高;西雅图账号更多元、分类更细。纵观历史横观文化,我们提出:(1)传播内容上,既要烘托传统文化,又要点亮当代奇迹;(2)传播形式上,要创新展现形式,融入日常生活;(3)传播主体上,要提升自身专业性,与新媒体人合作。

6.3 传播杭州的媒介使用

以上是对杭州不同领域全球传播实践的概括,下面让我们转而聚焦全球传播最为前沿、最为有效的手段:媒介的使用,以及相关时空的把握。这个层面的话语分析具有重要意义,尤其是在信息技术、移动网络的跨越式发展的时代(陈尚荣等,2015;李爱哲、迟晓明,2019;吕璟,2015;申雪凤、季雅丽,2018;吴奇凌,2013;张益铭,2019;周媛,2016)。这里我们主要关注的对象是网络平台、手机应用、(长、短)视频、广播、电视、电影、(室内、外)广告,目标是了解哪些政府组织、企业集团和媒体机构、运用哪些形式内容、展现哪些特点,以传播杭州的品牌、优势、特点等。

首先,让我们观察网址情况。比如,杭州文化创意产业发展中心网,由中共杭州市委宣传部主管,杭州市文化创意产业办公室具体指导,杭州创意设计中心、杭报集团、杭州文广集团、杭州文投创业投资有限公司等主办。该网站有文创资讯、信息公告、政策法规、展会活动、创意空间、创意精品、行业矩阵等板块;内容包括信息服务、动漫游戏、设计服务、现代传媒、艺术品业、教育培训、休闲旅游、文化会展等方面的产业活动动态和资讯。其他较为有名的网站包括:

- 中国杭州:(中文、English)(中共杭州市委、杭州市人民政府主办);
- 杭州市发展和改革委员会:(简体/繁体中文)(杭州市发展和改革委员会主办);
- 杭州网:(简体/繁体中文、English、日语、韩语);(杭州地区

第6章　中国城市形象的全球传播

唯一经国务院新闻办批准的地方新闻门户网站）；
- 杭州文广旅游网／杭州旅游网：（简体／繁体中文、English、Français、Español、Deutsch、한국어）（杭州市文化广电旅游局主办）；
- 杭州文化广电旅游局电子门户网站：（杭州市文化广电旅游局主办）；
- 杭州宣传网：（中共杭州市委宣传部主办）；
- 杭州文广网：（杭州文化广播电视集团主办）；
- 浙江在线（杭州）：（国务院新闻办确定的地方重点新闻网站，浙江省委、省政府官方新闻网站）。

接着，让我们看腾讯网上的短视频。

- My City Hangzhou（杭州壹号院）：不足四分钟，闪烁大约180个场面，反映城市生活的各种细节，较为生活化；
- 杭州不仅是一首诗（中共杭州市委宣传部）：反映城市的标志性景观以及城市的文化内涵；
- 亚运城市形象宣传片：反映城市的标志性景观以及城市的文化内涵，较短；
- 杭州城市大脑宣传片《未来已来》：关注杭州的城市大脑，科技性强；
- G20杭州城市形象宣传片。

最后，再看广告在公共时空中的使用。近一二十年来，借助杭州的名胜、特产和大型节事会展，杭州创造，并通过各种场域和工具使用了许多不同的室内和室外广告。这些广告的内容包括杭州的城市徽标、节事会展徽标、品牌名称、景点、特产（包括纪念品），等等；另外，也有反映未来将要出现的内容。它们被安置在广泛的公共空间里，尤其是在人员流动大的地方，如大街、公交站、地铁站；也有出现在移动体上，如公共汽车。

杭州还有一种体现政府与民众互动意味的展览、广告形式。这里，政府将城建计划公布于众，欢迎他们了解或提出意见。

除此之外，杭州还有传统媒体平台，如《钱江晚报》《都市快报》《杭州日报》；以及杭州电视台、西湖之声、交通之声、交通经济、浙江城市之声等。

总之，以上多元多面研究为城市国际化研究提供了一种较为明晰的框架：以文化主义为指针，以全球传播为视角，全面、多元、系统地分析了城市全球化策略。这些研究：（1）展示了杭州国际化实践的历史图景；（2）理出了杭州国际化主要且重要领域的全球传播策略；（3）对这些领域为实现世界名城目标应该采取的全球传播战略做出了筹划。

然而，上述研究结果，特别是对各领域提出的发展战略，不应分而治之，因为彼此之间不仅存在联系，也存在合作机遇，甚至还存在矛盾。因此，我们必须站在更高的层面上做出综合性的战略构想——"大战略"，以统筹和指引杭州全球传播的可持续高效发展。

6.4 杭州世界名城全球传播的新战略

本章的目的是从全球传播的视域梳理我国成立以来杭州国际化的实践，总结其中的经验和教训；并在此基础上，结合当代全球传播理论和实践，为杭州争创世界名城的目标，筹划一套全球传播的新战略。所谓战略，是指导行动的目标和策略。

那么，杭州全球传播的目标应该是，在未来八到十年的时间里，建设并实践一个完善的全球传播话语体系，让杭州的全球传播成为提升国际化、打造世界名城的最普遍、最有效的形式与手段。对于杭州来说，一个"完善的全球传播体系"应该具有下列特征：

- 主体鲜明：杭州人具有杭州、中国、世界三重视野与特色，且特别具有杭州精神；
- 体制健全：具有全面、有力、协调的话语要素系统——从组织、思想、信息、设备、渠道、程序到检测；
- 队伍精良：有一支训练有素、品质优秀领导管理全球传播专业团队；
- 原则分明：有明确的概念、价值、理论体系指导全球传播的目标、

第6章　中国城市形象的全球传播

内容与形式；
- 信息准确：掌握较为全面、充分、准确的信息和知识；
- 策略丰富：具备较为充分、多元、巧妙的传播策略；
- 技术尖端：拥有先进的传播条件和技术；
- 协调高效：能进行内外协调、上下通畅、可持续的交际活动，尤其是能够运用"世界方式"交流"杭州/中国故事"，以突破理解藩篱、价值隔阂、权力冲突；
- 检测有方：掌握评估话语体系效力的方法和工具。

实现上述目标，只有依靠实践：在建设该体系的实践过程中，并通过该体系的运用实践，才能让杭州全球传播不断成为提升城市国际化、打造世界名城的有效途径和工具。而目标的成功实现和实践的有效性决定于策略的设计和选取。所谓策略，指包括为实现特定目的而采用的一切任务、程序、行动、行动方式；而策略本身应该是开放的，应该在实践中不断改进。具体地说：

第一，在传播组织方面，建立一个专门、专业的全球传播机构，以指导、统筹、管理对外话语体系的建设与实施。目前，杭州全球传播有不同的主体，不同的规模，不同的利益，不同的水平，不同的内容，不同的对象，不同的传统，等等。这些差异矛盾可能导致目标冲突，重点不明，特点模糊，资源浪费，效果低下。因此必须建立一个专门专业的组织，以综合设计部署管理相关传播的主体、内容、方式、媒介、目标、进程等。

作为城市的一种智库，专门专业的全球传播组织可以为政府提供政策支持，为实践提供技术指导和资讯（比如发掘海外平台的算法规律、平台广告推广方法），还可以对实践作出评估。比如杭州频道从内容策划到拍摄，暴露其专业性的不足，没有固定主题系列、没有自制视频、没有高清画质等，也没有研究平台推广机制。账号注册至今，粉丝量少，缺少涨粉、固粉的活动策划。没有一支专业的、有运营海外社交平台经验的团队，无法实现真正有效的传播。又比如在内容混杂的情况下，专门机构可以作为内容把关人，健全内容审核机制、内容优化机制，帮助新媒体人创作更好的作品，及时剔除不合适的内容。

第二，在传播平台方面，创新建设一个大型综合高效的社交平台，以强化城市对外交流工具和渠道。目前，杭州全球传播还没有一个便捷全面高效的网络平台，以供市民和国际社会搜寻、宣传、交流。在全球化、数字化、移动化、社交化、大国竞争条件下，要求杭州具备一个强有力的社交阵地，以供本地与全球网民就杭州风物交流信息，加强联系。这需要借助前沿科技，创新传播网络，为网民和组织搜寻、宣传、交流城市讯息，建立维系跨国跨文化关系，提供全面丰富便捷的网络平台；让政府、企业、旅游、节会、峰会、教育、科技、金融、文化等社会各界得以跨界、跨国、跨文化交互。

在谷歌搜索引擎中使用"Hangzhou"进行检索时，前两位是维基百科，而后出现的是杭州政府官网海外版：这里只有英语、中文界面，缺少其他常用语言；很多内容转载自 China Daily，与杭州的关联性低，在网站中寻找有效信息难度大，网页布局中重点不突出，缺少方便海外人士使用的导览，网站中还缺少提问服务，缺少互动性。疫情当下，举办线下可交互、交际的展会，可以利用科技前沿技术游戏、VR 实景体验、人机互动等开展线上虚拟体验活动，让在海外对杭州感兴趣的人可以"切身"体会。建立线下多媒体数字互动体验场所，展现杭州城市风貌、非遗技术、文化遗产、前沿科技等。前沿科技甚至可以运用到演唱会、交响音乐会等。杭州正在推出的宋式生活体验区也可以与线上活动结合，与游戏厂商合作开发线上实景游戏，让海内外的玩家了解杭州。市政府可与企业合作，以此为基础提升打造一个大型综合可持续发展的数字平台。首先可以是网站，用户量上升后，可发布 App，更方便手机端使用。

第三，在传播主体方面，与海内外新媒体联动联合，以增强全球交际音量、丰富全球传播内容。目前，杭州全球传播的主体基本体现在官方组织机构上（政府、企业、主办方）；市民的主体性、积极性没有充分反映出来，国际社会特别是海外媒体还有巨大的利用空间。全球传播社会化时代，必须改善已形成的官方形象，应该一方面借助国际平台和力量；另一方面鼓励扶持社会组织和普通市民作为传播主体。比如，唤起企业、市民国际化全球传播的意识和义务，使其主动成为杭州国际化的参与者、贡献者、传播者；又比如，官方隐于背后，推动正面网络红

第 6 章　中国城市形象的全球传播

人在海外平台发展，与海外红人合作发声。

在城市/地方的国际形象展示方面，普通民众的自制视频、摄影作品往往更容易被接受，他们的风光摄影、航拍视频、UGC 视频的播放量与互动量往往特别高。运营者应重视用户的自制视频，官方宣传团队一方面多挖掘国内优秀的新媒体人，向海外平台输送，给予其流量支持；另一方面寻找在海外平台已有一定粉丝量基础的海外博主，可以是在国外的中国人、杭州人，或者在杭州、中国生活的外国博主，与他们寻求合作，鼓励其发布与其自身活跃领域相关的杭州内容。比如，官方可以隐于背后，推动正面网络红人在海外平台发展，与海外红人合作发布杭州话题内容，把控传播内容。可以挖掘国内优秀的红人，并予以相应的激励机制，向海外平台输送，给予红人流量支持。另外，可以建立外籍人士交流宣传平台，充分利用过去的和现在的国内外跟杭州有联系的人员和机构。来杭的留学生、海外商务人士、游客在抵达杭州后都可以关注的一个平台，可以是一款 App、一个小程序、一个公众号。建立专门的外籍人士交流平台不是为了"隔离"外籍人士，其宗旨是为了使其相关政策信息能够传达到位，宣传内容能够切实送达，帮助外籍人士深入了解杭州这座城市。这一平台的职能可以包括政策法规、就医指南、旅游指南、政务指南等行政功能，宣传杭州智能高效的市政管理；除此以外，应丰富文旅活动、企业体验等项目，从生活的方方面面传递杭州是"生活品质之城"。对于留学生群体，与本土学生分开管理的弊端明显，那么在其他生活方面应提供机会让留学生和本土学生一起活动，提高学生体验，加强口碑。成立校友会，加强学生之间的联络。同时，激励本地全国和全球的网民了解宣传和使用该平台，杭州市内的展讯、演出信息、咖啡店地图等市民活动内容可发布在此平台；作为引流措施，可举办抽票活动、纪念品抽奖活动等。本地居民能够使用该平台更好地了解自己的城市，然后在全国、全球推广使用。其中一个重要的方法是鼓励网民将该平台推介到其他国际社交媒体，至少在杭州生活的、曾在杭州生活的海外人士对此平台有所了解，能够推荐自己的好友使用。

第四，在传播内容方面，既烘托文化传统，又点亮当代奇迹，以更加与时俱进，吸引世界。目前，杭州全球传播的事物议题一方面缺乏鲜明的特点，另一方面弱于全面的表现，特别是对现代性的关照。因此，有必要在现有的基础上,更加突出跨境电子商务、"互联网+"、智慧化、绿色生态等杭州亮点;更加强化东方文化交流;更加凸显杭州的"本市—本国—全球"三重特质融会的优势;并且更加深耕细作,以精准施策。

比如,选用民间博主进行推广,可以避免上述"韵味杭州"的毛病,并且秉承术业有专攻的思路,实现合适的博主在合适的平台发布合适的内容,官方可提供希望得到推广的内容主题,比如强调突出杭城智能生活的便利、高效。同样,利用不同的博主也可以达到类似的效果,因为他们可能从不同的视角展现心中的杭州,展现其在杭州的不同生活方式,以多种多样的生活方式展现杭州风貌。还可以举办短视频大赛等,从民间选拔,这样往往能看到一些非常规视角的有趣作品(比如 YouTube 博主 LKS OFFICAL CHANNEL 曾发布一则视频"用 3 档预算分别玩 1 天杭州,穷游和高端游差距真的那么大吗?"),同时也能提高账号在国内的知名度。建立奖励激励制度也是必不可少的(奖励制度可以是奖金、与市政府合作制作视频,提供一些展览、亚运会场馆优先参观等措施)。另外,国际社会对于杭州最深的印象不是山水美食人物等,而是杭州的数字化、智能化;在他们的眼中,这才是真正的世界奇观。在这些方面,还可参考借鉴首尔旅游局运营的 Visit Seoul 频道,内容均为自制原创视频,且有多个系列主题。

第五,在传播品牌方面,重塑一个更加独特、更加明晰、更加国际化的城市品牌,以高效提升杭州知名度。目前,杭州全球传播似乎还没有体现和实施杭州品牌的外宣战略。独特韵味、别样精彩的"世界名城",无论其表述还是内涵,都有必要在本土性、区域性与全球性、传统性与现代性上等维度上发掘连接线、平衡点。比如,可以展开引领杭州国际名城建设的城市品牌取名系列活动。

城市品牌的选择既要体现本土特点,又要与国际接轨;既紧扣城市的当代优势,又容纳城市的传统文化。新时代,为快速提升国际化,杭州市政府应该与相关部门组织合作,统筹运用交流传播的各个环节,让杭州市民、全国公众、国外过去来过、现在居住或其他原因关心杭州的人士,通过不同交际管道相互交流交往,以共同为杭州城市创立一个植根本土、放眼世界的新品名。比如,可以借杭州国际日的舞台,以新城市品牌的提案、票选为主线,开展系列主题活动;提案和票选的活动由

第 6 章　中国城市形象的全球传播

来自海内外的杭州市民（在杭州居住生活过的都有权利）和专家们参与。需认识到，参与城市取名的国际活动，本身就是城市国际化过程。

第六，在传播对象方面，续故人、交新友、连接姊妹城，以巩固和扩大杭州的国际朋友圈。目前，杭州全球传播似乎也没有体现和实施一个有序持续扩大城市国际朋友圈的体系。迄今杭州各行各业已经开展了大量的国际活动，建立了众多的国际联系，积累了广泛的人脉和网络。因此，应该充分利用好这一社会文化资源，积极巧妙地维系深化并且拓展国际联系，比如，鼓励大学、留学生在国际交往中宣传杭州。

比如，可以利用新媒体平台扩大活动影响力，积极调动民众的参与度，设立适宜的奖励机制。相应的还可开展城市形象短视频制作比赛、文化创意产品设计比赛等，活动组织可以与企业合作，群策群力，强调共治民主的思想活动成果。除了获得奖励以外，其作品也应有相应的媒体曝光。为了避免国内热闹、海外没有任何水花的现象出现，新媒体组织应利用海外平台的流量机制，推送内容至海外。又比如，将杭州的医疗优势转化为吸引力，吸引海外人士来杭赴诊。

第七，在传播场景方面，生产服务面向世界，提升杭州风物国际化，以全方位地宣传杭州。目前，杭州全球传播的主阵地还是在本土、在网络，没有在地理意义上延伸至全球地域（除了外贸和零星的餐饮展示活动）。因此，除了实现人员走出去，信息数字化，还要将杭州的形象、风俗、服务送到世界的不同角落，比如在国外投资开杭州茶馆、杭州餐厅、杭州中医馆等。

具体地说，应该开拓海外宣传窗口，利用友好城市的资源。落地活动的开展可以先考虑友好城市。在友好城市当地和杭州都可开展双方文化交流活动，在对方城市的宣传平台加入杭州内容，增加文化层面的交流机会。除了政治、经济上的合作，城市民间的互动交流也应该加强；活动形式也可结合新兴科技手段进行，提高群众参与兴致；利用新技术，也可以实现与友好城市合在海外举办线下活动，建立线下多媒体数字互动体验场所，同样能让人"身临其境"，生动展现杭州古今城市风貌、非遗技术、文化遗产、前沿科技、生活方式等，比如用 VR 技术"漫步西湖"，用游戏体验在杭的便捷、智能生活，用"集邮"的方式科普杭州各个景点，不局限于传统景点，借此机会推广新的景点和以前并不出名的优秀景区。与相关企业、国际知名企业合作发展到海外，以友好城市为起点，比如开一家茶馆，体验茶文化、品茶，观看杭州曲艺节目，品尝杭帮菜，或开一家著名国药老店——胡庆余堂，体验中国的医疗方法和医术。

第八，在传播语言方面，提升跨文化交际能力，以提高市民的国际素质，增强城市国际化的力度。目前，杭州全球传播尚未显现卓越的城市国际语言交流能力，比如，外文网站少而且语种数量少，全体市民的外语能力、杭城意识、大国意识、全球意识尚未显露出来。因此，有必要培育市民的城市荣誉感、民族自豪感，增进全球性知识和人类的胸怀，一方面提升智慧交流的能力；另一方面提升自主运用外语（包括英语以外的其他语种）的能力。

比如，杭州政府官网（海外版）只提供英语、中文界面，缺少其他常用语言。杭州的特色服务企业应该从中吸取教训，建立完善的、支持多语言的国际网站，便于外国人获取信息。又比如，杭州的医疗品牌诸多，且具有国际级别的实力，那么借助外语平台便可以有效提升杭州的国际知名度。

6.5 小结

本章以"文化话语研究"为框架，以全球传播为特殊视角，以杭州的国际化实践为个案，考察中国城市进行全球传播的策略，进而提出打造世界名城、谋划全球传播的新战略。实证分析聚焦市政府、企业、旅游、节会、展会、赛事、峰会、媒体等多元领域。本章的研究展示了杭州国际化实践的历史图景，梳理并评价了杭州国际化主要且重要领域的全球传播策略，并为实现世界名城目标做出了进一步的战略筹划。

未来，研究范围可以拓展到城市传播的其他领域，比如教育、科技、文学、艺术，也希望上述研究模式可以启发这些新领域的探索。另外，为准确刻画杭州全球传播实践的经验教训，可以对国内外相近城市的全球传播展开对比。最后，还可以将研究视野推向全球传播的效果问题，以帮助判断杭州传播行动的国际关联性以及国际社会的参与度。

第 7 章
中国话语研究的多方开垦

　　文化话语研究作为一种学术思潮、运动与话语体系，不仅创建了专门的国际期刊——*Journal of Multicultural Discourses* (Taylor & Francis) 和两年一届的国际会议——*International Conference on Multicultural Discourses*，更吸纳了越来越多的发展中国家和地区、第三世界、南半球、后殖民地学者，使之成为国际学术研究主体（或作为被引用、借用的主体）。作为其重要的研究分支与研究范式，中国话语研究自 21 世纪初创建以来，不断汲取中华文化与学术的养分，关注当下中国社会的现象与问题，逐渐引领青年学者运用话语研究的新境界、新视角、新模式，去生成更多益于中国发展、人类进步的新知。本章节对近 10 年中国话语研究范式指导下的系列博士论文、著作及科研课题进行梳理和介绍。

7.1　妇女人权话语研究

　　杨娜的博士论文《妇女人权话语研究》提出，"妇女人权话语"指国家、集体或个人就妇女贫困、性别歧视、妇女生育权等社会重大热点问题所展开争议的冲突性交际事件。长期以来，女性主义研究受西方传统性别观的影响，妇女问题被一分为二切割为性别问题，女性主义研究者无法正视妇女问题的文化或历史语境，从而忽略了民族、地区性妇女问题所对应的地域、时空性。这种学理上的反思，驱使我们有必要从本族语历史、文化语境出发，结合语言内群体的话语方式和自我反身性视角，重新识别、分析、阐释中西方学者就妇女问题言说上产生的异同。为此，该论文以妇女生育问题为案例，将文化话语分析和交际民族志研究相结合，试图从话语生产和理解的视角建立一套妇女人权的文化话语分析范式。

  论文以中美双方在中国妇女人权发展中的计划生育争端为突破口，以中国妇女人权的国家话语为研究对象，分析政府群体在生育权争端处理中所采取的应对话语方式、原则和策略，反思我国妇女人权发展的文化斗争性及其对外交际的特殊复杂性。该研究在理论上，倡导妇女问题研究的文化话语观，提出将妇女问题研究与交际、文化相结合，突破传统的性别分析法，通过跨文化比较、历史文献梳理和田野调查，从研究方法、内容上拓展妇女问题研究思路。实践上，研究不仅重构与再现妇女人权话语在我国发展语境下所呈现的文化特殊性，还意在揭示中美妇女发展上的不同文化心理，审视我国政府群体在国际妇女问题交际中可能存在的问题、缺陷与不足，以便我国媒体和相关党政机关群体建立更加快速、有效的话语策略，以应对本族妇女发展在国际舞台上碰到的各种争端和误解。

  研究发现，"人权"修辞不是中国关于妇女生育问题的主要话语表述方式，无法准确解释非西方国家（特别是第三世界国家）的特殊妇女问题，如妇女与家、国协调发展的困境与难题。研究表明，中国国家政府群体以"和"话语的特殊方式，协商国内外各种"权利"危机，在"和"话语原则和家国一体文化心理重构下，将"权利"逐步转化为"发展"，从而实现妇女自下而上的解放。研究表明，发展语境下的妇女人权话语意义具有交际特殊性和文化复杂性；理解中国妇女人权发展问题，需分析政府机构关于妇女人权的各种话语言说方式和原则（包括"和"原则、"无为而治"原则、"正名"原则、"关系"原则、"象"原则），以及这种言说方式背后隐藏的文化心理特质，即妇女、家、国三位一体的和谐发展关系。该论文系文化话语研究范式下的妇女专项问题研究，作者希冀从学术上对妇女人权研究的理论体系进行完善，为我国本土化妇女研究提供更宽阔的研究视角。同时，作者作为现代女性之一，也希望通过个人学术研究，从现实上关照妇女群体，给政府精英群体提供一定的启示，便于其进一步完善妇女发展话语体系，以制定更为合理、有效的对内、对外传播方式。

7.2 企业危机话语研究

现代科学中的危机传播研究起源于20世纪80年代，经过30余年的发展，危机传播已从最初危机管理的分支研究逐渐发展为独立的研究领域，呈现出以企业为核心的研究特征。现阶段，国内外学界围绕企业危机事件与危机传播，从危机传播策略和企业形象修复的研究视角，进行了一定探讨。然而，在研究理论与实践中，却呈现以西方危机传播研究理论为中心的研究态势，对非西方企业危机传播理论与实践关照不足，鲜有对企业危机应对过程和具体话语传播内容的关注，疏于对企业行为的文化维度的思考。

赵丹彤的著作《话语与企业危机传播：一种文化视角》从话语作为社会交际实践的理念出发，将企业危机传播话语界定为企业在危机事件发生后，积极运用语言及其他符号解释危机发生原因、阐述企业危机应对策略、维护企业声誉、重塑企业形象的言语交际事件。因此，企业危机传播话语研究，不仅要着眼企业危机传播过程中产生和使用的文本，更应关注企业呈现的多元话语言说主体、使用的多样化话语传播媒介和丰富的话语形式、传播的具体话语主题与话语内容、表达的多重话语目的以及危机传播实践涉及的（跨）文化关系，从更加系统、多元、辩证的角度对企业的危机传播话语进行探索、描绘、分析与评价，揭示涉事企业话语的范围、性质、特点、经验和困境。在研究实践中，该书选取了中国乳制品行业的危机传播案例，将文化话语研究理论分别与全球公共关系理论、情境危机传播理论和对话式公关理论相结合，以构建企业危机研究的基本框架，对不同类型企业的危机传播话语实践与策略进行分析与评价，阐释中国企业危机传播话语的文化特征和规律。

7.3 外贸摩擦话语研究

随着中国经济的快速发展，经贸领域的争端以及危机与挑战逐步显现。这些不仅是传统研究中的贸易问题、法律问题或外交问题，更是亟待解决的经贸话语现象。青年学者们应用文化话语研究范式，基于中美贸易摩擦案例、中国—东盟贸易争端、"中国制造"的海外危机案例、乳制品企业危机案例和亚洲基础设施银行的话语实践，从多元维度对不同组织的话语策略进行分析与阐释，再现中国经贸话语的特征与规律。

吴鹏的著作《话语与贸易摩擦》试图通过对中美轮胎特保案的话语研究实现两个主要目的：一是构建起中美/中外贸易摩擦话语的基本研究框架；二是反思中国在此次贸易摩擦话语应对上的经验与不足。这两个研究目的在其著作中被进一步细化成了三个主要研究问题：(1)从宏观角度上看，中美摩擦双方(支持特保措施方与反对特保措施方)在轮胎特保案中是如何布局各自话语行为的？(2)就微观话语个案而言，摩擦双方在轮胎贸易摩擦中各自运用了哪些具体的话语策略？(3)上述发现对中国更加智慧地应对贸易摩擦有何启示？围绕上述研究目的和研究问题，该书首先论证了贸易摩擦话语的语境、社会和文化三重属性及其论辩互动、跨文化交际和权力争斗特质。在此基础上，借助文化话语研究方法，从话语主体、话语媒介和话语主题三个方面对收集到的中美贸易摩擦话语语料进行了宏观分析与对比。然后通过论辩话语研究的"策略操控"分析方法，分析、对比了特保案原诉方美国钢铁工人联合会(USW)致美国参议院和众议院的公开信和中国五矿化工产品进出口商会、中国橡胶工业协会致奥巴马和美国贸易代表的公开信中的论辩策略操控，从微观上深入剖析了摩擦双方在轮胎贸易摩擦中运用的话语策略及相应的语言形式。

袁周敏的著作《"一带一路"倡议背景下中国—东盟贸易话语研究》基于文化话语研究路径，系统考察了中国—东盟贸易话语中双方对东盟身份的建构、双方贸易争端的话语建构以及中美主流媒体对中国—东盟贸易话语再现。研究发现：(1)国际贸易关系中的不同身份建构反映出贸易双方的不同关系以及贸易交往的主题；(2)外贸争端问题已经超越外贸本身的技术与法律层面，跨越到各种因素交叉的话语维度；(3)从报道体裁、性质和主要话语内容出发，研究发现《人民日报》和《纽约时报》存在明显差异。基于文化话语路径，该书认为，在中国—东盟贸易中可考虑调整中国的传播策略和话语应对策略，因为基于中国文化传统的表达可能会让对方误读中方的意思。这不仅反映在话语的内容表述上，而且反映在话语的整体布局上，而对这种布局的关注正是以往话语研究所忽视的地方。中国需要研究合理布局这些话语主体的发声时间与场合,形成先后有序、互有补充的布局优势。

7.4 休闲旅游话语研究

何竞的博士论文《文化话语视野下杭州"龙井问茶"的意义建构》,从"龙井问茶"作为杭州茶文化旅游地未能将茶文化与休闲度假、文化旅游等融合在一起,呈现出"去历史"(de-historization)、"去文化"(de-culturalization)的发展趋势,文化特殊性(cultural specificity)无法体现,文化传播面临问题和挑战这一学术、文化现实出发,依托文化话语研究、休闲学、哲学等相关学理,剖析深层的文化原因,力图为当前的困境提供解决策略。论文以"龙井问茶"为研究对象,重点考查其多维指向性意义建构,并进一步思考"龙井问茶"对地方发展带来了什么样的影响。论文致力于探索"龙井问茶"的文化特殊性,并探讨"龙井问茶"对认同建构和文化传播的积极意义。研究结果从"旅游地""身份认同"和"地方发展"三个方面来解读"龙井问茶"的意义建构。"龙井问茶"不仅是一个蕴含丰富文化内涵的茶文化旅游地,在"问茶"的话语实践过程中也建构了言说主体的身份认同,与此同时"龙井问茶"作为一个城市文化品牌,也是推动杭州城市建设的发展话语。"龙井问茶"包含了关于茶、茶文化以及人的故事。在话语向世界传播的过程中,"龙井问茶"中赋予的茶文化可以通过讲故事的形式进行传播。首先,"龙井问茶"作为旅游地蕴含的文化内涵构成了讲述龙井茶文化故事的文本主体。文化话语研究主张立足本土、彰显民族文化特色,中国传统文化具有独特的世界观、价值观和人生观,因此只有了解中国文化,才能了解中国人的世界观、价值观和人生观,了解中国人对世界的认知和看法,进而了解中国的历史文化、风俗习惯、民族特色等。可以说,有了中国传统文化的加持,"龙井问茶"的故事会更加独特和深刻。"龙井问茶"向世界展示了真实的、原汁原味的传统茶文化的精髓。其次,"龙井问茶"的亮点在于借助社会群体的视角,让更多的身处龙井语境的言说主体参与到故事讲述中。"龙井问茶"的故事覆盖了社会各个层面,多元言说主体的参与也彰显出龙井茶文化的包容性和群众性。言说主体在"问茶"的实践活动中会有独特的个性表达，与此同时主体的身份认同和地方归属感得以建构，使不同国家的人可以更好地理解独属于这里的文化故事。最后，文化话语理论并不是全盘否定西方的文化霸权。"龙井问茶"想要成为一个国际文化话语，其话语效果是为了推广茶文化，因此目标国家的接受度显得尤为重要，要规避过度本土化的话语建构，"龙井问茶"的故事讲述需要在世界文明的大背景中去思考文化传播的问题，以"和谐中庸""天人合一"等中国文化精神内核展开跨文化对话，将民族的文化特殊性引入世界，从而实现国际文化话语的建构。独特的民族文化性是"龙井问茶"的话语建构必须坚持的原则。"龙井问茶"不仅是地方茶文化旅游地，也承载着民族文化传承的重大使命。"龙井问茶"不仅要增强文化表现力和美感，而且要体现民族价值观和人文精神；不仅要洞悉国外游客的文化需求、接收方式和价值追求，更要体现世界不同国家发展的共同主题，增强中国茶文化的世界认可度。"龙井问茶"作为杭州乃至中国茶文化的形象符号，需要向世界展示中国茶文化日新月异的发展，要在文化传播的过程中让世界在理解传统中国文化的同时，更能深入体会到现代意义上的文化话语的力量。

笪舒扬的博士论文《作为话语的"休闲"：文化话语视域下的当代中国休闲话语研究》采用了文化话语研究的有机组成部分和具体文化实践——当代中国话语研究作为理论框架，收集了政府公文、媒体报道及学术文献三种体裁的休闲语料，坚持"整体辩证"的中国话语概念，在分析当代中国休闲话语时兼顾六大要素：话语主体、话语内容与形式、话语媒介、话语效果，以及文化和历史关系。该论文旨在讲述当代中国语境下的休闲故事，探索来自西方文化和西方语境的休闲概念和休闲研究在当代中国的现实含义，剖析当代中国休闲话语的建构过程，以及这一过程对中国的发展带来了什么样的影响。该研究发现，当代中国休闲话语是多元主体积极建构的结果，学界、各级政府、媒体及民众都在"休闲"的普及和正名过程当中扮演了言说者和倾听者、传播者和推广者的角色，媒体作为传播媒介为多元对话主体提供了话语实践和话语互动的渠道和平台。从历史和文化的角度来看，当代中国休闲话语的建构过程是文化适应、本土化及国际化的过程，体现了"引进来、走出去"的话

第 7 章 中国话语研究的多方开垦

语策略,西方中心化的休闲话语逐渐被赋予中国特色,当代中国休闲话语开始走向世界。在当代中国,"休闲"是一种美好愿景,休闲话语实践具备积极作用,能够产生经济效益、文化效益、生态效益和个体效益,对国家实现发展、社会提升文明、个体获得幸福有积极作用。这一研究探索了休闲研究的话语研究新范式,能够使休闲实践中的各利益相关方对中国语境下的"休闲"进行思考,使休闲话语产生更积极更深远的影响,进一步实现休闲构建美好生活、促进国家发展的作用。

7.5 国家形象话语研究

李秋杨的著作《"中国制造"海外媒体形象传播话语研究》以文化话语研究理论为指导,综合运用话语分析、危机传播、国家形象、政治学、社会学等相关学科概念、理论和研究方法,将"中国制造"海外形象的形成视为中国经济、政治、外贸、传播、文化等诸多因素交叉的话语现象。通过对相关新闻话语进行整体、系统、深入的研究,该书揭示了交织在这些社会因素背后的权力关系、意识形态和霸权主义,帮助读者从更加全面、客观、准确地解读海外媒体中的"中国制造"形象。该著作从宏观层面,首先详细考查了西方媒体有关"中国制造"的新闻话语焦点,对比分析了美英两国主流媒体塑造这些主题的报道阶段分布共性与差异特点、立场态度、话语策略与修辞特征、报道数量变化趋势,并探索、发掘这些特点的成因。其次,结合具体案例,分析了"中国制造"危机传播话语在主体、主题、渠道、形式、内容、反应速度和效果方面的主要特征。在微观层面,该研究聚焦西方主流媒体的词汇、修辞、引用的运用,并借鉴 Benoit 的形象修复策略及 Coombs、Burke、Ware & Linkugel 等人提出的危机反映策略分析框架,进一步剖析中西方媒体话语片段中涉及的危机传播话语策略,从而揭示话语背后的权势关系和意识形态。研究发现,中国应对危机的传播话语经历了以下过程:从沉默、抵触、否认、回避,到积极面对、寻求平等对话、主动化解危机。进而提出,在面对"中国制造"这样的国际危机事件时,我们不仅需要在危机传播话语交锋中掌握主动权,注重话语传播方式,掌控话语传播渠道，而且要在细节上注意话语修辞表达，从而快速化解危机，维护国家形象。

7.6　外交热点话语研究

围绕国家安全的国际与国内热点问题，青年学者们将话语研究引入外交话语、国家安全话语和对外传播研究领域，以叙利亚问题、中国南海问题、中美国家安全法、新疆安全问题以及中国对非洲传播实践为例，从跨学科的视角进行探讨，提供文化话语视域下的研究范式与范例。

汪学磊的博士论文《热点外交的中国方式：叙利亚问题文化话语研究》聚焦叙利亚问题，并提出叙利亚问题是当今国际的热点之一，其间形成的具有示范意义的"中国方式"外交话语构成了中国热点外交研究的典型案例。该研究以文化话语研究为理论指导和研究框架，阐释了外交、话语与文化三者之间的辩证关系，依据"中国方式"话语形成全过程，采用点面结合的方法，展示了解决叙利亚问题的"中国方式"的话语图景，分析并讨论了"中国方式"的话语特点以及体现中国传统文化思想内涵的文化特质。在国际热点频发、中西力量发生深刻变化的今天，"中国方式"热点外交面临着在实践中更多的历练和进一步发展所带来的机遇和挑战。

7.7　中非交往话语研究

冷唐苣的博士论文《文化碰撞与话语杂合——文化话语视域下的中非传播研究》基于文化话语研究范式，使用历时数据，分析了中国对非话语传播的主体、内容、形式、渠道和非洲的反馈，并通过与美非传播活动的比较，突出中国话语的特点。研究发现，由于传播渠道存在障碍，中非精英间的交流相较公众互动更为频繁，与囊括多元主体的美非传播形成对比。此外，中国话语内部较不平衡。在政治问题上，中国官员和专家学者均积极参与国际讨论，获得非洲各界的广泛关注。与之相反，由于各主体相对沉默,中国在军事问题上基本处于静默状态。中国话语的特点在于贵和尚中、听者中心、有礼有节,取得非洲国家较普遍的认可,尽管招致诸多来自西方的批评,中非交流仍不断取得进展。

7.8 国家安全话语研究

赵晓燕的博士论文《国防白皮书战略话语生成的文化溯源研究》以文化话语研究理论为指导,综合运用多元文化主义、战略文化理论和话语社会理论、个案研究等相关学科理论和研究方法,对中国国防白皮书话语与中国传统战略文化及古典兵学思想的文化传承性展开研究。多元文化主义认同当今世界多种文化的共存,要求直面世界文化差异,并平等对待不同的社会历史发展情境之中发展起来的特异性文化。战略文化理论认为,战略文化具有传承性,表现为一个国家战略决策中长期稳定的战略倾向和战略决策中的特定行为模式。因此,研究一国的战略文化和传统战略话语,对于了解、判断和预测该国的当代战略行为、战略倾向和未来战略选择具有重要作用。另外,话语是文化的积淀、思想的体现,国防战略话语作为连接战略文化和国防军事战略实践的中介,又在很大程度上反映着战略文化、表达着国防战略立场、指导着国防实践,因此,该论文试图通过研究分析我国传统战略文化核心思想、追溯其演变脉络来研究国防白皮书话语中蕴含的传统战略文化因子,以此来说明我国国防白皮书话语所代表的国防战略政策与立场具有文化性、历史性、稳定性与必然性,这一点又完美契合了文化话语研究的方法论。

该论文首先分析了我国历年发布的十部国防白皮书中的核心概念和表述重点,然后探讨中国国防战略话语的形成基础,其产生的历史、文化及民族背景,接着通过对古代军事战略思想的代表——《孙子兵法》的个案研究,梳理了在上述背景之上形成的中国先秦兵学之核心概念。在追溯封建时期和近现代我国战略思想的演变轨迹后,我们得出结论:中国当代国防战略话语在其核心要素和主导性战略方面体现了中国传统战略文化的精髓,与我国古典(尤其是先秦时期)兵学思想高度契合,表现出历史性和文化传承性。从根本上来说,中国古代的国防战略思想是和合文化、农业文明和儒家的国家间关系伦理学说共同作用的产物。中国儒家的和合思想、道家的"崇阴尚柔""虚静自守"思想与辩证思想、墨家的兼爱非攻思想及法家的"富国强兵"思想、兵家在诸多学派思想基础上形成的非战、义战、慎战、备战、先胜、全胜、兵以利动等思想,与中国相对独立和封闭的自然环境及农业生产方式下形成的以防御性、内敛型、强调"农战结合"的国防战略一起,形成了以儒家的和合思想为主导的国防战略传统,总体呈现出一种"国家自卫性"倾向。这种传统经过了历朝历代的发展、演变,与我国社会发展背景和民族性相适应的部分不断得到强化,最终融入了我们的民族性,表现为当代国防话语中某些战略选择和立场的必然性。因此,作为我国当代国防战略话语典型代表的国防白皮书中的四个核心概念,安全观、战争观、"积极防御"的国防政策与"和平发展"宗旨,是我国战略文化传统下国防政策的必然立场和选择。

白天依的博士论文《海洋安全战略的中国路径:基于南海问题的文化话语研究》提出,随着中国日益走近世界舞台中央,争取与国际大国身份相称的国际话语权对实现中国海洋强国战略目标具有重要意义,争取更多的国际话语权也是落实海洋强国战略的有机组成部分(海洋安全战略目标)的需要。在作为中国海洋安全战略中的重要一环,南海问题从一个局部的地区争端议题演变为国际热点议题的过程中,话语起着关键性的作用。围绕南海问题,各方通过言语和其他交际符号,利用各种媒介形式,在多种国内国外交际传播场域展开言语交际和互动,这些言语交际活动塑造了南海安全态势关系,影响着南海局势的发展。该研究从文化、话语、传播的多元视角出发,以文化话语研究范式为理论指导,通过分析中国与南海各方就地区安全与秩序展开的言语交际与互动,探索中国海洋安全战略的话语特征和文化内涵。研究围绕中国南海安全话语体系的整体分析、中国南海安全政策话语演变的时间线分析和南海"航行自由"议题新闻话语的案例分析,试图从"面、线、点"三个层面构建一种具有文化批判性的中国海洋安全战略解释模式和分析框架。通过整体、辩证地探究中国南海安全话语体系的历时发展、传播现状、存在问题和可以改进的方面,打破了西方中心主义研究对中国海洋安全战略的误解,探索从文化话语视角阐述和解释中国海洋安全战略,为更

第7章 中国话语研究的多方开垦

好地传播中国海洋声音、主动掌握国际海洋话语权贡献学理性新路径。

梅朝阳的博士论文《美国国防话语体系研究》以话语建构理论为认识论基础,以美国国防话语体系为研究对象,从意义的社会建构、话语场域及其自然化、正当化话语策略三个方面分别对美国国防概念系统、国家(机构)社会自然化的传播机制、特定话语技巧进行探索与分析,试图剖绘美国国防话语体系的基本构成及其宏观与微观上的权力运作机制。这里,"话语体系"是特定社会领域的一个集团为处理某类问题或完成特定任务所建构的言说交际构架,是一套具有统领性的概念、规则系统与一套话语内容的发布主体、发布平台、发布形式等传播机制的综合体,旨在解决"有理说不出,说了传不开"的问题。美国国防话语概念体系主要包含时局观察、国防安全观念、目标任务、国防行为准则和他者塑造这些话语要素。国防战略的制度化是美国国防话语场域初步形成的标志,国家(机构)话语主体主导的公共仪式标志着美国国防话语场域走向成熟,与其他公共话语场域的互动则表明美国国防话语场域的自主性与主体性。文化(如美国精神和美国战略文化)始终是美国国防话语场域的建构力量,也发挥着主体性作用。美国国防战略以理性化作为主要话语策略进行正当性建构,将美国国防战略正当化作为理性的代名词和关于美国国防实践的权威叙事。因而,此研究为话语体系实证研究和话语体系建构实践示范了一种落地方案,不仅符合安全—传播融合研究的趋势,也能深化对美国国防话语的系统认识,更能给中国国防话语能力建设提供参考。

施光的论文《中美国家安全话语的比较研究》运用文化话语研究方法,以中美两国代表性国家安全法律法规文件为语料,对中美国家安全的概念、观念和战略进行比较分析。研究发现,与美国相比,中国的国家安全概念更加明确、更具可操作性、更加透明。中国持"总体国家安全观",其渊源是中国传统文化中的"仁爱善良""以民为本""居安思危"等思想。美国国家安全观体现了美国"零和""单赢"的新冷战思维、追求一超独大的绝对安全目标和以维持霸权稳定方式维护国家安全的局限性。中国国家安全战略包括如下几个方面:以人民安全为宗旨;以政治安全为根本;以经济安全为基础;以军事、文化、社会安全为保障;以促进国际安全为依托;统筹国内国际两个安全大局;建立国家安全体系。美国国家安全战略则可以用"一体三翼"来概括:"一体"指坚持美国对世界的领导地位不能改变;"三翼"指"强本固基、内外兼修""强化多边合作、奉行责任分担""谨慎使用武力、优化配置资源"。

麦丽哈巴·奥兰的博士论文《新疆恐怖主义危机传播的话语研究》从区域层面探究了恐怖主义这一非传统安全话题。该研究借助中国话语研究、危机传播管理以及危机反应策略等话语研究和危机传播的相关理论与研究方法搭建了新疆恐怖主义危机传播的话语研究框架,并依据此框架认识媒体的恐怖主义话语在新疆安全现实构建中的作用,进一步分析、探究新疆恐怖主义问题上国内媒体传播和中美话语博弈中的话语言说行为的特点、经验与不足。该研究突破了恐怖主义研究的传统批评话语分析或传播学的单一视角,以及对恐怖主义危机只针对个别恐袭事件的研究局限。在方法上,采用了主流媒体历时研究法、主流媒体与社交媒体的共时比较法、中美新疆恐怖主义话语的对比研究法,结合了话语分析、危机传播等跨学科知识,使整体、历时、辩证地分析新疆恐怖主义话语的媒体传播成为可能。

7.9 国际治理话语研究

李婧的博士论文《全球治理下国际组织的文化话语研究——以亚洲基础设施银行为例》提出,随着全球化时代的到来,国家间依存度不断增加、跨国问题日益复杂,国际组织被赋予了更多的权威和自主性,在全球治理中逐渐扮演了重要的角色。然而现有的国际组织大多以西方国家为主导,其规则也主要由西方国家制定。在面对跨国治理困境时,发展中国家的诉求在国际组织中往往被忽视。因此,亚洲基础设施投资银行应运而生,并且受到了国际社会成员的广泛参与。该研究从文化话语理论的视角出发,对亚洲基础设施投资银行的相关话语进行分析,研究该国际组织的话语策略、话语原则和传播模式,探讨话语和传播在亚洲基础设施银行发展壮大的过程中扮演的角色,从而进一步挖掘该组织的文化特色,梳理在国际秩序不断变化的历史演进中,该国际组织与他者的互动关系。作为一个新兴的国际组织,亚洲基础设施投资银行回应了亚洲区域的治理难题。其话语围绕其创新的治理机制而非国家间政治展开，通过有关价值、规范和公众参与的话语传播实践，不断提升该组织的可信度和透明度。研究表明，国际组织的话语实践能体现其核心功能、阐明价值导向、建构良好的组织形象，引起国际社会的共鸣；并调和国际间不同行为体之间的关系，甚至能反过来约束国家的部分行为，进而形塑国际规则，影响国际秩序。

7.10　文学艺术话语研究

中国文学与文论不仅为话语研究提供了广阔的研究平台，更为中国的话语传播提供了传统智慧与养分。陈珏的博士论文《鄂温克文学的话语转型和建构——以乌热尔图的创作为例》，意在从文化话语研究观入手，在对以乌热尔图为代表的鄂温克文学创作实践及现有研究进行历史梳理基础上，以乌热尔图的个案研究作为论文的焦点，结合历史和（跨）文化语境，从话语范畴的话语主体、话语内容/形式、话语媒介及效果几方面进行探究。该论文的研究目标在于对以乌热尔图为代表的鄂温克文学的转型及重构作出全面、深入、系统、多角度的重新挖掘。力图以文化话语研究为视角来关照少数民族文学，突破传统文学批评的模式，重新审视作为"文化话语"的当代少数民族文学在文化、社会、政治、经济等诸多网络关系中的意义，以及在整个中国文学甚至世界文学的存在位置。

常圆的博士论文《中国传播的话语共同体的建构：从〈文心雕龙〉探索儒家话语形式化》提出，中国传统的传播话语研究一直处于未被充分发掘的地带，也一直被西方话语研究理论所掩盖。实际上中国传统的话语传播是文化共同体话语的传播。《文心雕龙》虽然一直以来被视为中国古代经典的、极具全面性和代表性的文学理论巨著，但几番推敲下来，此书蕴含相当重要的中国传播思想，即《文心雕龙》中所阐述或蕴含的话语传播是一个由自然化话语的外化、儒家话语的制度化以及内化三个建构阶段构成的儒家话语共同体的形成过程。而这种儒家话语共同体的传播又具体表现在话语形式化的传播上。在《文心雕龙》中，这种话语形式化不仅表现在刘勰对于经典儒家话语传统的极力推崇上，还表现在他试图用儒家正统话语形式来匡正千年前与当今网络媒体时代普遍具有的个性话语表达、对新奇话语形式的偏爱和追逐等非儒家正统的、生理性话语表现的理念和表述上。总而言之，中国话语的传播是以儒家话语形式化为主要手段和具体呈现的共同体话语的社会建构和应用过程。

除此之外，文化话语研究作为蓬勃发展的研究领域，也启发青年学者的学术成长，涌现出众多科研项目与优质文章。

1. 部分科研立项课题：

- 国家社科基金青年项目，"中美贸易摩擦论辩话语研究"（项目批准号：14CYY053）。
- 国家社科基金一般项目，"新疆安全问题的美国舆论话语构建研究"（项目批准号：20BYY079）。
- 国家语委"十二五"科研规划项目，"中国应对国际贸易纠纷的话语策略研究"（项目批准号：ZC125-14）。
- 教育部人文社会科学研究基金青年项目，"中美贸易纠纷的话语研究"（项目批准号：11YJC740113）。
- 教育部人文社会科学研究青年项目资助项目，"中美主流媒体新闻评论的论辩话语研究"（项目批准号：15YJC740116）。
- 江苏省高校哲学社会科学基金资助项目，"美国涉华贸易调查报告的批判话语分析"（项目批准号：2011SJB740005）。
- 江苏省高校哲学社会科学一般资助项目，"外交部发言人应答话语中的论辩策略研究"（项目批准号：2016SJB740019）。
- 江苏省社会科学基金一般项目，"中美贸易争端话语研究"（项目批准号：10YYB012）。
- 新疆社会科学基金资助项目，"美国反恐报告对新疆安全问题的话语构建研究"（项目批准号：17BYY078）。
- 浙江大学董氏文史哲研究奖励基金资助项目，"跨文化女性主义视角下的妇女人权及话语应对策略研究"（项目批准号：506000-U21203）。

第7章 中国话语研究的多方开垦

- 浙江工商大学校级人才引进项目资助项目,"女性主义的媒介话语研究"(项目批准号:1070XJ2314033)。
- 镇江市社科联应用研究一般项目,"镇江山水花园城市形象的传播策略研究"(2011年度)。
- 镇江市社科联应用研究重点项目,"镇江城市品牌形象传播的问题与对策研究"(2013年度)。
- 中国博士后科学基金面上项目一般资助,"中美经济摩擦新闻话语研究"(项目批准号:2013M530245)。
- 中国博士后科学基金特别资助项目,"中美贸易摩擦论辩话语研究"(项目批准号:2015T80530)。
- 中央高校基本科研业务费专项资金资助项目,"美国主流媒介对中国妇女形象的构建及话语应对策略研究"(项目批准号:1A1000-1722 20112_37)。
- 中央高校基本科研业务费专项资金资助项目,"文化话语视域下的企业危机公关"(项目批准号:18QD14)。
- 国家社科基金后期资助,"叙利亚问题文化话语研究"(项目批准号:20FYYB034)。

2. 部分论文成果:

- Conflicting images of the Great Wall in cultural heritage tourism. *Critical Arts,* 2017, (6). (SSCI)
- Confrontational maneuvering by declaring a standpoint unallowed or indisputable in spokespersons' argumentative replies at the press conferences of China's Ministry of Foreign Affairs. *Argumentation,* 2019, (4). (SSCI)
- Confrontational maneuvering by dissociation in spokespersons' argumentative replies at the press conferences of China's Ministry of Foreign Affairs. *Argumentation,* 2019, (1). (SSCI)
- Culture and language use. *Language in Society,* 2011, 40(5): 665-666. (SSCI)

- Investigating argumentative discourse in contemporary China: A pragma-dialectical perspective. *Journal of Argumentation in Context*, 2017, (3). (ESCI)
- Review of argumentation theory: A pragma-dialectical perspective. *Argumentation*, 2018, (4). (SSCI)
- Strategic maneuvering by personal attack in spokespersons' argumentative replies at Chinese diplomatic press conferences. *Journal of Argumentation in Context*, 2017, (3). (ESCI)
- 策略操控语用论辩学之修辞拓展. 福建师范大学学报（人文社科版），2015，(3).（CSSCI）
- 当代西方话语研究述评与本土化反思. 现代外语，2014，(2).（CSSCI）
- 话语视角下的高校女教师发展叙事性研究. 高教探索，2011，6：121-127.（CSSCI）
- 话语研究视域下的中美轮胎贸易纠纷. 北京理工大学学报（社科版），2011，(4).（CSSCI）
- 话语与贸易纠纷：试论中外贸易纠纷的话语研究思路. 学术论坛，2010，(9).（CSSCI）
- 基于语料库的媒介话语分析——以《纽约时报》对华妇女报道为例. 国际新闻界，2012，34（9）：48-58.（CSSCI）
- 贸易摩擦话语的语用论辩研究——以中美轮胎特保案为例. 西班牙新汉学，2016，(3).
- 贸易摩擦中的话语互动与话语策略：以中美轮胎特保案为例. 贵州社会科学，2013，(10).（CSSCI）
- 媒体外交话语的语用论辩研究. 外语教学，2017（1）.（CSSCI）
- 女性主义研究的文化话语转向：试论女性主义话语研究的动因、原则与策略. 当代中国话语研究，2013.
- 嵌入与重构：乌热尔图创作转型研究. 民族文学研究，2015.
- 说好中国故事的电影视阈：当代中国电影的话语框架. 当代电影，2018，(5).（CSSCI）
- 外交部发言人应答话语的语用论辩研究：以刘为民就中美稀土贸易摩擦问题答记者问为例. 国际新闻界，2015，(10).（CSSCI）

第 7 章　中国话语研究的多方开垦

- 文化话语视域下的企业危机公关——以恒天然 2013 年"肉毒杆菌"事件的网络危机公关为例. 中国外语，2018，(6). (CSSCI)
- 乌热尔图小说话语形态分析. 民族文学研究，2012.
- 西方话语研究的现状与特征. 社会科学报，2011.
- 现实政治的话语：常态的政治评介. 现代外语，2010，(3). (CSSCI)
- 新闻评论的语用论辩研究——以《中国日报》反垄断调查社论为例. 湖北大学学报（哲学社会科学版），2017，(5). (CSSCI)
- "言不尽意"和语言含蓄论——CAD&CDA 的话语意义生成规则分析. 当代中国话语研究，2012.
- 印象、观念、知识崇拜：传播的接受研究. 编辑之友，2019，(12). (CSSCI)

7.11　小结

作为一种学术思潮、学术运动和学术体系，文化话语研究不仅在国际领域不断深入发展（体现在相关国际论著、文章以及会议方面），而且在国内也有显现。具体地说，自 21 世纪初以来，作为文化话语研究范式的有机分支和文化实践，当代中国话语研究不断汲取中华文化传统和学术养分，展开国际对话批评，构建具有民族身份和立场、植根本土、胸怀世界的学术体系，探究中国关心的话语现象和问题（包括人类的现象与问题），力图生成更多有益于中国发展、人类进步的新知。本章重点展示近 10 年来在文化话语研究和中国话语研究两级范式指导下撰写（出版和尚未出版）的博士论文、博士后著作及科研课题。它们涉及多个社会文化领域，探讨影响深远的重大问题，因此也从不同角度和不同层次拓展和丰富了学术范式本身。希望这些成果启发和激励更多的年轻学者关注人类交际的文化异同性和互动性，夯实话语研究的中国化道路，服务民族复兴大业，助力人类文化的发展、和谐与繁荣。

结语
话语研究中国战略 2030

我们希望本书所呈现的内容，一方面能够改变长期以来普遍存在的观念，即西方学界关于交际、话语、传播的理论方法普适于世界各民族文化，因而也应该是中国学界的标准。为此，本书展示了大量东方文化，特别是中国文化，与之不同的现实、概念、原则、方法和关切，以期彰显话语的文化性，即不同交际族群之间的异质关系和互动关系（包括其中的权势关系）。

另一方面，本书的一个重要目的是希望向读者展示一套植根本土、放眼世界、具有中国立场和特色的话语研究模式，并在此关照下所产出的一系列有关中国社会重大议题（如外交、贸易、城建、安全、性别、文学）的研究成果。

除此之外，我们还有两个希冀。一是青年话语研究学者能够站在文化多元主义的立场上，以这种新境界、新视角、新系统，去产生更多益于中国发展和世界进步的新知识、新目标、新策略。另一个企盼更加长远，那就是他们能够在国际学术场里参与建设和发展具有中国风范、中国模式、中国议程的话语研究体系，共同展现中国学派的国际辐射力和影响力。

迄今，国际社会科学，包括交际学，仍然并将长期由欧美西方文化主导，包括中国在内的东方学术，基本还处于被动地位。但同时，我们也可以看到，中国的话语研究已奠定了较好的哲学、理论、方法和实证研究基础，形成了较为完整的体系，并在国际学界崭露头角。而随着中国实力的迅速提升，国际学界的关注度也将提高。在此条件下，我们筹拟中国话语研究未来 10 年的战略（目标与任务），供学界参考讨论。

首先，中国话语研究的远景目标是建立一个完善的、具有全球影响力的当代中国话语研究体系。它不仅能够帮助国际学界准确、高效地认识和理解中国，而且也能够成为参与和促进东西方话语研究对话交流的突出分子。这里说的体系，是指一个团体为了实现某种目的所具有的交际原则（如约束性的思维方式、概念、理论、价值观、策略）和交际体制（如组织、制度、机制、工具等）的统筹系统，这本身就是一个话语体系。显然，实现这样的目标将是一个宏伟的工程，需要众多学者和机构的长期积极努力。鉴于前期的准备、已有的资源和形成的基础，我们认为10年（2030）是可行的目标。

为实现这一目标，必须完成一系列具体任务：

（1）建立一支富有创新理想、精于专业知识、强于全球交流的骨干学者以及相关组织机制，以引领和助推当代中国话语研究在国内和国际的发展；

（2）建设一批国内国际话语研究刊物和学术团体，使相关学术交流得以延续、深入、发展；

（3）不断通过理论和实证研究以及社会实践，拓展、深化、巩固当代中国话语研究系统（哲学、理论、方法、问题四位一体），使其获得可持续的解释力和创造力；

（4）继续梳理中国传统话语体系，包括与中华传统文化的联系，为建设和发展当代中国话语研究体系提供更加丰富的资源；

（5）广泛介绍、阐释文化话语研究及当代中国话语研究的内容和意义，营造良好的国内国际教学和科研环境，使前者获得良好的发展空间；

（6）建立当代中国话语研究高等教育课程体系，使新一代学生有分析和指导话语实践的能力，并为学科发展培育接班人。

实现上述宏伟目标并完成上述艰巨任务，还需要有一定的社会和学术条件。首先，要有一个反对盲目西方化、激励文化创新、崇尚服务国家的学术氛围和制度，包括学术基金、出版和评审等不同层面。次之，要有防止行政化、急功近利的科研体制，让学者，特别是年轻学者，有安心认真做学问的条件。再者，要有民主、公正、公平、廉洁、高效的学术出版和评审体制，尤其是有"星级"的期刊。最后，要有鼓励跨文化交流、国际出版和"全面出击"的机制，改变目前只认可西方强国主导的"精英"期刊的现状。

参考文献

白红义. 2014. 新闻权威、职业偶像与集体记忆的建构：报人江艺平退休的纪念话语研究. 国际新闻界，36（6）：46–60.
白红义. 2017. "正在消失的报纸"：基于两起停刊事件的元新闻话语研究——以《东方早报》和《京华时报》为例. 新闻记者，（4）：11–25.
曹顺庆. 2001. 中国古代文论话语. 成都：巴蜀书社.
曹顺庆. 2002. 跨文化诗学论稿. 南宁：广西师范大学出版社.
曹顺庆，支宇. 2003. 在对话中建设文学理论的中国话语——论中西文论对话的基本原则及其具体途径. 社会科学研究，（4）：138–143.
陈东晓，王公龙，王鸿刚，周方银，陈向阳. 2022. 新时代中国外交理论建设与外交实践笔谈. 国际展望，14（1）：1–22，157.
陈光兴. 2006. 去帝国——亚洲作为方法. 台北：行人出版社.
陈国明. 2004. 中华传播理论与原则. 台北：五南图书出版公司.
陈华洲，赵耀. 2019. 改革开放四十年思想政治教育话语研究——基于 CiteSpace 知识图谱的分析. 学校党建与思想教育，（1）：9–14.
陈汝东. 2004. 当代汉语修辞学. 北京：北京大学出版社.
陈汝东. 2008. 论话语研究的现状与趋势. 浙江大学学报（人文社会科学版），（6）：130–137.
陈汝东. 2015. 论国家话语体系的建构. 江淮论坛，（2）：2，5–10.
陈尚荣，孙宜君，刘慧. 2015. 新媒体与南京城市形象传播. 新闻爱好者，（11）：36–39.
陈岳芬，李立. 2012. 话语的建构与意义的争夺——宜黄拆迁事件话语分析. 新闻大学，（1）：54–61.
陈悦，陈超美等. 2015. 引文空间分析原理与应用. 北京：科学出版社.
单理扬. 2017. 媒体话语的隐喻叙事研究——以美国主流报刊对"一带一路"倡议的隐喻塑造为例. 山东外语教学，（4）：17–26.
丁方舟. 2015. "理想"与"新媒体"：中国新闻社群的话语建构与权力关系. 新闻与传播研究，22（3）：6–22，126.
丁建新. 2010. 作为社会符号的"反语言"：边缘话语与社会系列研究之一. 外语学刊，（2）：76–83.
丁建新. 2016. 作为文化的语法：功能语言学的人类学解释. 现代外语，（4）：459–469.

丁建新，沈文静．2013．边缘话语分析：一些基本的理论问题．外语与外语教学，（4）：17–21．

董天策，梁辰曦，夏侯命波．2013．试论《人民日报》官方微博新闻评论的话语方式．国际新闻界，35（9）：81–91．

方秀云．2010．城市国际化的挑战与杭州的应对策略．城市发展研究，17（3）：22–27．

费孝通．1999．中华民族多元一体格局（修订本）．北京：中央民族大学出版社．

冯·戴伊克．1993．话语，心理，社会．施旭，冯冰译．北京：中华书局．

冯友兰，2005．中国哲学小史．北京：中国人民大学出版社．

高晨阳．1988．中国传统哲学整体观模式及其评价．文史哲，（6）：36–40．

高生文．2018．话语基调下学术期刊编辑之学术引领性研究．科技与出版，（1）：102–106．

郭庆民．2016．批评话语分析的客观性与科学性评述．外语与外语教学，（5）：69–77，146．

郭旭，欧阳护华．2017．构建、场域及符号权力：布尔迪厄对批评话语分析的影响．东南学术，（6）：226–232．

国防．2016．多模态话语分析研究热点及趋势分析——基于文献计量学方法．外语与外语教学，（3）：58–66，146．

何春晖，陈露丹．2018．城市品牌国际化传播中的讲故事模型探索——基于杭州的定性研究．对外传播，（6）：23–26．

何田田．2021．国际法秩序价值的中国话语——从"和平共处五项原则"到"构建人类命运共同体"．法商研究，38（5）：61–73．

何伟，马子杰．2020．生态语言学视角下的评价系统．外国语（上海外国语大学学报），43（1）：48–58．

何伟，魏榕．2018a．生态语言学：发展历程与学科属性．国外社会科学，（4）：113–123．

何伟，魏榕．2018b．多元和谐，交互共生——国际生态话语分析之生态哲学观建构．外语学刊，（6）：28–35．

何锡辉，王芝华．2021．全面建设社会主义现代化国家话语蕴含的辩证思维．思想理论教育，（3）：32–37．

何舟．2008．中国政治传播研究的路向．新闻大学，（2）：34–36．

何舟，陈先红．2010．双重话语空间：公共危机传播中的中国官方与非官方话语互动模式研究．国际新闻界，（8）：21–27．

胡安奇．2019．巴兹尔·伯恩斯坦：在结构与历史之间．山东外语教学，（3）：164–172．

胡开宝．2017．语料库批评译学：翻译研究新领域．中国外语，（6）：1，11 12．

胡晓静．2019．国内批评话语分析的研究现状及发展趋势．河南工业大学学报（社会科学版），15（2）：86–92．

胡壮麟．2007．社会符号学研究中的多模态化．语言教学与研究，（1）：1–10．

黄大网，钟圆成，张月红.2008.第一人称代词的话语功能：基于中外科学家材料科学论文引言的对比研究.中国科技期刊研究，19（5）：803–808.

黄光国.1988.儒家思想与东亚现代化.台北：巨流图书公司.

黄国文.2016.外语教学与研究的生态化取向.中国外语，(5)：1，9–13.

黄国文.2018.从生态批评话语分析到和谐话语分析.中国外语，15（4）：39–46.

黄国文，赵蕊华.2017.生态话语分析的缘起、目标、原则与方法.现代外语，40(5)：585–596，729.

纪卫宁.2007.批判学派的多视角研究——《批判话语分析方法》评介.山东外语教学，(3)：7–10.

纪卫宁.2008.话语分析——批判学派的多维视角评析.外语学刊，(6)：76–79.

江时学.2021.国际秩序、中美关系与中国外交——关于中国国际关系研究的若干认识.亚太安全与海洋研究，(6)：1–19，133.

蒋进国.2018.民国书报检查制度与20世纪30年代上海自由主义知识分子——以胡适为中心.出版科学，26（2）：118–123.

李爱哲，迟晓明.2019.新媒体环境下城市形象传播主体行为特点.青年记者，(36)：61–62.

李道荣，徐剑飞.2015.我国农民工维权报道现状及建议.当代传播，(1)：94–97.

李福岩.2017.启蒙思潮与中国现代化发展话语体系之演进.理论导刊，(5)：43–46，56.

李晶晶.2019.多模态批评话语分析视角下的口译过程研究.外国语（上海外国语大学学报），42（6）：60–70.

李静.2018.语料库辅助分析英国媒体视野中的中国经济话语建构.外语学刊，(3)：52–57.

李桔元，李鸿雁.2014.批评话语分析研究最新进展及相关问题再思考.外国语（上海外国语大学学报），37（4）：88–96.

李军晶.2004.国家地理杂志在"读图时代"的话语边界——中、美两家地理期刊的图片比较分析.中国科技期刊研究，15（6）：668–674.

李秋杨.2014."中国制造"国际形象传播的文化话语研究.当代中国话语研究，(2)：1–12.

李雪威，李亚.2016.国际大城市的全媒体传播.公关世界，(21)：28–31.

李艳红，陈鹏.2016."商业主义"整合与"专业主义"离场：数字化背景下中国新闻业转型的话语形构及其构成作用.国际新闻界，38（9）：135–153.

李战子.2003.多模式话语的社会符号学分析.外语研究，(5)：1–8.

李战子，陆丹云.2012.多模态符号学：理论基础、研究途径与发展前景.外语研究，(2)：1–8.

励轩. 2021. 对一些多民族国家"人民"话语的分析. 世界民族,（1）: 1–11.
廖秉宜, 任凯伦. 2020. 城市品牌国际传播的策略创新. 对外传播,（2）: 48–50.
凌胜利. 2020. 中国特色大国外交的战略体系构建. 国际展望, 12（2）: 19–38, 149–150.
凌胜利. 2022. 中国外交能力建设: 内涵与路径. 国际问题研究,（2）: 20–36, 153–154.
刘家荣, 蒋宇红. 2004. 英语口语课堂话语的调查与分析——个案研究. 外语教学与研究,（4）: 285–291.
刘建飞. 2018. 新时代中国外交战略基本框架论析. 世界经济与政治,（2）: 4–20, 155–156.
刘金文. 2006. 言语意义的语境解读. 语言应用研究,（3）: 45–46.
刘普. 2022. 当代中国外交价值观: 内涵、功能与构建. 教学与研究,（3）: 76–87.
刘涛. 2009. 环境传播的九大研究领域（1938—2007）: 话语、权力与政治的解读视角. 新闻大学,（4）: 82, 97–104.
刘亚秋, 陈荻, 殷鹏. 2016. 城市品牌多路径传播策略研究——以杭州为例. 新闻研究导刊, 7（20）: 72–73.
刘益东. 2018. 摆脱坏国际化陷阱, 提升原创能力和学术国际话语权. 科技与出版,（7）: 33–38.
刘煜, 张红军. 2018. 政论纪录片塑造国家形象的多模态话语分析. 现代传播（中国传媒大学学报）,（9）: 118–122.
卢静. 2019. 国际责任与中国外交. 国际问题研究,（5）: 20–36.
罗岗, 潘维, 苏力, 温铁军, 王洪喆, 李放春, 丁耘, 贺照田, 贺雪峰, 桂华, 吕德文, 杨华, 骆小平, 王正绪, 陈柏峰, 田雷, 张旭, 吕新雨, 宋少鹏, 李宓, 姚洋, 白钢. 2019. 中国话语. 开放时代,（1）: 10–87.
吕嘉戈. 1998. 中国文化中的整体观方法论与形象整体思维. 中国文化研究,（1）: 29–34.
吕璟. 2015. 新媒体环境下城市形象传播的格局与策略. 中国名城,（8）: 58–60.
吕婷婷, 王玉超. 2013. 基于数字化资源平台的大学英语课堂教师话语分析. 中国外语, 10（4）: 69–77.
马毅, 刘永兵. 2013. 中国英语课堂话语研究——综述与展望. 外语教学理论与实践,（2）: 42–47.
马忠, 薛建航. 2021. 中国共产党百年来斗争话语的历史演进及思考. 西安交通大学学报（社会科学版）,（4）: 125–132.
孟庆茹. 2019. 向孔子学习社交智慧. 吉林化工学院学报,（10）: 80–85.
穆军芳, 马美茹. 2016. 国际批评话语分析研究进展的科学知识图谱分析（2006—2015年）. 河北大学学报（哲学社会科学版）, 41（6）: 146–154.

潘艳艳 . 2016. 多模态视域下的国防话语研究初探 . 外国语言文学，3（3）：153–157，207.

潘艳艳 . 2020. 战争影片的多模态转喻批评分析 . 外语教学，41（2）：13–18.

潘艳艳，董典 . 2017. 美国主流新闻媒体构建中国形象和大国关系的话语策略研究——以 2016 年中俄联合军演的相关报道为例 . 西安外国语大学学报，（3）：50–56.

彭华 . 2017. 中国传统思维的三个特征：整体思维、辩证思维、直觉思维 . 社会科学研究，（3）：126–133.

钱冠连 . 1993. 美学语言学——语言美和言语美 . 深圳：海天出版社 .

秦伟 . 2000. 社会科学研究方法 . 成都：四川人民出版社 .

邱海颖 . 2017. 德国国家身份构建——安格拉·默克尔演讲词的批评话语分析（2005—2015）. 北京：光明日报出版社 .

申小龙 . 2001. 汉语语法学 . 南京：江苏教育出版社 .

申雪凤，季雅丽 . 2018. 城市形象传播中的新媒体运用策略 . 传媒，（13）：73–75.

沈开木 . 1996. 现代汉语话语语言学 . 北京：商务印书馆 .

施春来 . 2014. 基于国际化视野的城市品牌建设的思考——瑞士巴塞尔（Basel）城市品牌运作的启示 . 福建论坛（人文社会科学版），（7）：31–35.

施旭 . 2008. 试论建立当代中国话语研究体系 . 当代中国话语研究，1（1）：1–11.

施旭 . 2017. 什么是话语研究 . 上海：上海外语教育出版社 .

施旭 . 2018a.（逆）全球化语境下的中国话语理论与实践 . 外国语（上海外国语大学学报），（5）：90–95.

施旭 . 2018b. 文化话语研究的中国实践 . 中国社会科学报，3 月 6 日 .

施旭 . 2022a. 文化话语研究：探索中国的理论、方法与问题（第二版）. 北京：北京大学出版社 .

施旭 . 2022b. 动荡世界下中国话语全球传播研究 . 同济大学学报（社会科学版），33（1）：107–115.

施旭，别君华 . 2020. 人工智能的文化转向与全球智能话语体系的构建 . 现代传播，42（5）：13–18.

史安斌，张耀钟 . 2019. 新中国形象的再建构：70 年对外传播理论和实践的创新路径 . 全球传媒学刊，6（2）：26–38.

宋健楠 . 2017. 批评话语分析中态度意向的邻近化语义建构 . 外国语（上海外国语大学学报），（6）：12–19.

孙德刚 . 2020. 合而治之：论新时代中国的整体外交 . 世界经济与政治，（4）：53–80，156–157.

孙国华 . 1998. 论《周易》的整体观 . 东岳论丛，（1）：61–66.

孙吉胜 . 2017. 传统文化与十八大以来中国外交话语体系构建 . 外交评论（外交学院学报），34（4）：1–31.

孙金波, 范红霞. 2013. 受辱与抗争：解析媒介身体叙事中的潜暴力话语. 现代传播（中国传媒大学学报）, 35（3）: 30–34.

孙文峥. 2017. 基于"用户—媒体—学术"视角的网络热词传播特征分析. 出版科学, 25（5）: 99–104.

孙旭, 吴赟. 2012. 全球化背景下的中国城市形象传播研究：回顾与前瞻. 山东理工大学学报（社会科学版）, 28（1）: 96–100.

孙有中, 胡洁. 2017. 香港《南华早报》的国家认同研究（2007—2016）. 新闻大学,（6）: 62–72, 153.

汤一介. 2010. 儒学与经典诠释. 北京大学学报（哲学社会科学版）, 47（4）: 5–12.

唐青叶. 2015. "中国威胁论"话语的生成机制与国家话语能力的构建. 当代中国话语研究,（7）: 1–9.

唐青叶, 史晓云. 2018. 国外媒体"一带一路"话语表征对比研究——一项基于报刊语料库的话语政治分析. 外语教学,（5）: 31–35.

田大宪. 2007. 网络流言与危机传播控制模式. 国际新闻界,（8）: 55–58.

田海龙. 2006. 话语研究的批判视角：从批评语言学到批评话语分析. 山东外语教学,（2）: 1–9.

田海龙. 2017. 社会实践网络与再情景化的纵横维度——批评话语分析的新课题及解决方案. 外语教学, 38（6）: 7–11.

田海龙. 2019. 批评话语分析40年之话语形成——兼谈对学术话语体系构建的启示. 天津外国语大学学报,（1）: 1–12.

田海龙, 赵芃. 2017. 批评和话语分析再思考——基于辩证唯物主义的语言与社会关系研究. 当代语言学,（4）: 494–506.

田伟琦. 2017. 对2016年日本防卫白皮书中"中国威胁论"话语建构的批评话语分析. 东北亚外语研究,（2）: 36–41.

汪风炎, 郑红. 2005. 中国文化心理学. 广州：暨南大学出版社.

汪沛. 2018. 学术期刊编辑话语刍议. 出版科学, 26（2）: 48–50.

王帆. 2021. 中国特色大国外交：理念升华与路径指引. 人民论坛·学术前沿,（23）: 96–105.

王建华. 2019. 政务新媒体照片话语的视觉语法—语用分析. 当代修辞学,（2）: 72–83.

王磊. 2017. 美国战争话语的分类、范式变化及话语规范. 外语研究,（5）: 31–35.

王磊. 2018. 图书编辑的"势"与"力"——新时代如何策划外向型高端学术图书. 科技与出版,（7）: 6–10.

王萍萍. 2015. 城市品牌化路径探析——从城市品牌定位、塑造、营销到管理. 城市管理与科技, 17（2）: 33–35.

王树人. 1990. 中国传统思维方式基本特征辨析——中西文化比较研究之一. 学术月刊,（2）: 1-5, 11.

王晓军. 2011. 当代中国话语研究的系统思考——一个语言学视角. 外语学刊,（2）: 84-87.

王野. 2017. 中俄国家领导人讲话中互文现象的对比分析. 东北亚外语研究,（2）: 20-25.

王义桅. 2021. 人类命运共同体如何引领中国外交. 东南学术,（3）: 64-71.

王艺潼. 2019. 解构"中国外交强势论"——基于国家角色理论的实证分析. 当代亚太,（6）: 99-130, 160.

王岳川. 1998. 福柯: 权力话语与文化理论. 现代传播（北京广播学院学报）,（6）: 3-5.

吴奇凌. 2013. 新媒体环境下城市形象的塑造与传播——以贵州省遵义市为例. 贵州社会科学,（5）: 155-158.

吴小坤, 李喆. 2016. 中国阅兵礼在西方舆论场中的国家意义及其生成条件——基于国家自然化理论的分析. 新闻与传播研究,（12）: 5-24, 126.

吴秀明. 2006. 话语分析研究综述. 外语研究,（11）: 164-165.

吴学军, 余毅, 王亚秋. 2012. 论科技期刊编辑话语权. 编辑学报, 24（4）: 321-322.

武建国. 2015. 批评性话语分析: 争议与讨论. 外语学刊,（2）: 76-81.

武建国, 陈聪颖. 2018. 批评性题材分析: 理论、应用与前瞻. 外国语（上海外国语大学学报）,（1）: 85-92.

武建国, 林金容, 栗艺. 2016. 批评性话语分析的新方法——趋近化理论. 外国语（上海外国语大学学报）,（5）: 75-82.

辛斌. 2005. 批评语言学——理论与应用. 上海: 上海外语教育出版社.

辛斌, 田海龙等. 2018. 六人谈: 新时代话语研究的应用与发展. 山东外语教学,（4）: 12-18.

邢福义. 2000. 文化语言学（修订本）. 武汉: 湖北教育出版社.

许婷婷. 2018. 俄罗斯政党对十月革命评价研究——基于语料库的批评话语分析. 中国俄语教学,（2）: 38-46.

许正林, 王卓轩. 2018. 十年来中国共产党政党形象对外传播的理论与实践. 现代传播（中国传媒大学学报）,（9）: 68-75.

许志敏. 2018. 提高我国学术社交网络的国际传播能力——基于ResearchGate与"科研之友"等的比较研究. 科技与出版,（7）: 26-32.

杨晖. 2011. 试论中国传统变易观念萌芽的关键词. 兰州学刊,（5）: 105-108, 112.

杨洁勉. 2016a. 中国大国外交理论的国家特色和国际交汇. 国际展望, 8（1）: 1-16, 152.

杨洁勉. 2016b. 中国特色大国外交和话语权的使命与挑战. 国际问题研究,（5）: 18-30, 137-138.

杨敏，符小利. 2018. 基于语料库的"历史语篇分析"（DHA）的过程与价值——以美国主流媒体对希拉里邮件门的话语建构为例. 外国语（上海外国语大学学报），(2): 77–85.

杨明星，周安祺. 2020. 新中国70年来外交传播体系的历史演进与发展方位. 国际观察，(5): 107–133.

杨青. 2021. 因势制变 提升对外传播话语权. 中国广播电视学刊，(9): 25–27.

杨熊端，丁建新. 2016. 批评话语分析视角下的民族志研究. 外语与外语教学，(2): 19–24，144.

姚志英，郜丽娜. 2016. 国内外批评话语分析和认知语言学融合研究综述. 湖南第一师范学院学报，16(6): 83–87.

叶建. 2017. 近代报刊媒介与中国马克思主义史学的发展. 出版科学，25(4): 122–126.

叶淑兰. 2021. 中国外交话语权的历史演进、基本经验及生成逻辑. 国际观察，(5): 53–78.

袁周敏. 2014. 中国东盟贸易关系的话语构建. 当代中国话语研究，(6): 35–54.

袁周敏. 2018. 话语研究的新路径：行动启示话语分析. 外语学刊，(1): 66–70.

曾庆香，黄春平，肖赞军. 2005. 谁在新闻中说话——论新闻的话语主体. 新闻与传播研究，(3): 2–7, 93.

曾庆香，刘自雄. 2006. 论新闻源与新闻的话语主体. 国际新闻界，(1): 38–41.

张岱年. 2005. 中国哲学史大纲. 南京：江苏教育出版社.

张德禄. 2009a. 多模态话语分析综合理论框架探索. 中国外语，6(1): 24–30.

张德禄. 2009b. 多模态话语理论与媒体技术在外语教学中的应用. 外语教学，30(4): 15–20.

张德禄，王璐. 2010. 多模态话语模态的协同及在外语教学中的体现. 外语学刊，(2): 97–102.

张德禄，张时倩. 2014. 论设计学习——多元读写能力培养模式探索. 解放军外国语学院学报，37(2): 1–8, 159.

张静，郑晓南. 2017. 中国英文科技期刊国际学术话语权的构建. 科技与出版，(6): 111–115.

张莉. 2017. 新媒介与新闻话语变迁研究. 新疆财经大学学报，(3): 66–72.

张鲁平. 2015. 构建法制中国话语体系，完善国家治理能力. 当代中国话语研究，(7): 10–15.

张明，靖鸣. 2006. 政府新闻发布与民众知情权、话语权冲突与协调——以松花江污染事件为例. 新闻大学，(1): 111–116, 110.

张星，王建华. 2018. 眼动追踪技术在我国语言研究中应用状况的CiteSpace可视化计量分析. 湖南大学学报（社会科学版），32(5): 107–112.

张艳, 何丽云. 2018. 中国学术著作外译与传播能力提升策略——以国家社科基金"中华学术外译项目"为例. 科技与出版, (7): 16–22.
张益铭. 2019. 新媒体时代西安城市形象传播策略探索. 新闻爱好者, (10): 71–73.
赵莉, 沈利. 2010. 杭州城市形象国际传播的特色与启示. 青年记者, (23): 13–14.
赵文丹. 2010. 城市形象的国际化传播策略——对《人民日报》(海外版)对沪、津、渝三市的报道分析. 当代传播, (6): 104–106.
赵文义. 2015. 学术期刊出版的权力结构. 编辑学报, 27 (5): 416–418.
赵文义, 张积玉. 2011. 学术期刊的创办和退出机制分析. 科技与出版, (8): 4–6.
赵晓红. 1998. 大学英语阅读课教师话语的调查与分析. 外语界, (2): 18–23.
郑群, 张博. 2015.《经济学人》中国主题封面的多模态话语分析. 西安外国语大学学报, 23 (1): 47–50.
周光庆. 2002. 中国古典解释学导论. 北京: 中华书局.
周瀚光. 1992. 中国古代科学方法研究. 上海: 华东师范大学出版社.
周军平. 2006. 教师话语与第二语言习得. 外语教学, (3): 69–73.
周骞, 蔡龙权. 2010. 中国外国语言学界研究现状的实证分析报告——基于2007—2009年6种外语类核心期刊的量化研究. 外语研究, (5): 51–56.
周星, 周韵. 2002. 大学英语课堂教师话语的调查与分析. 外语教学与研究, (1): 59–68.
周艳. 2010. 社会文化中的编辑话语. 出版科学, 18 (6): 28–30.
周裕锴. 2003. 中国古代阐释学研究. 上海: 上海人民出版社.
周媛. 2016. 大众传媒与城市形象传播研究. 新闻研究导刊, 7 (2): 215.
朱永生. 2003. 话语分析五十年: 回顾与展望. 外国语(上海外国语大学学报), (3): 43–48.
朱永生. 2007. 多模态话语分析的理论基础与研究方法. 外语学刊, (5): 82–86.
Alatas, F. S. 2006. *Alternative Discourses in Asian Social Science: Responses to Eurocentrism*. London: Sage.
Aolan, M. 2015. Discourse and socio-political transformation in contemporary China. *Pragmatics and Society*, 6(2): 289–293.
Aolan, M. 2016. Chinese discourse studies. *System*, 57: 155–156.
Asante, M. K. 2006. *The Afrocentric Idea (Revised Edition)*. Philadelphia: Temple University.
Ashtoreth, G. J. 2009. The instrument of place branding: How is it done? *European Spatial Research and Policy*, 16(1): 9–22.
Askehave, I. & Holmgreen, L. T. 2011. "Why can't they do as we do?": A study of the discursive constructions of "doing culture" in a cross-border company. *Text & Talk*, 31(3): 271–291.

Baldwin, J. R., Faulkner, S. L., Hecht, M. L. & Lindsley, S. L. 2006. *Redefining Culture: Perspectives Across the Disciplines*. Mahwah: Lawrence Erlbaum.

Baringa, E. 2007. "Cultural diversity" at work: "National culture" as a discourse organizing an international project group. *Journal of Human Relations, 60*(2): 315–340.

Bauman, R. & Sherzer, J. 1974. *Explorations in the Ethnography of Speaking*. London: Cambridge University Press.

Berci, F., Mommaas, H. & Synghel, K. 2002. *City Branding: Image Building and Building Images*. Rotterdam: NAI Publisher.

Bhatia, V. 2017. *Critical Genre Analysis: Investigating Interdiscursive Performance in Professional Practice*. London: Routledge.

Brown, P. & Levinson, S. 1978. *Universals in Language Usage: Politeness Phenomena*. Cambridge: Cambridge University Press.

Busilli, V. S. 2020. Belt and Road Initiative (BRI): La iniciativa estratégica de Xi Jinping. *Cuadernos de política exterior argentina* (CUPEA), (131): 69–88. ("一带一路"倡议（BRI）：习近平的战略倡议. 阿根廷外交政策手册（CUPEA），2020年第131期，第69–88页．)

Cabestan, J. P. 2022. *La politique internationale de la Chine*. Paris: Presses de Sciences Po.（中国的国际政策．巴黎：巴黎政治科学出版社，2022年．）

Callahan, W. 2012. Sino-speak: Chinese exceptionalism and the politics of history. *The Journal of Asian Studies, 71*(1), 33–55.

Callahan, W. A. 2016. China's "Asia Dream" the belt road initiative and the new regional order. *Asian Journal of Comparative Politics, 3*: 226–243.

Cap, P. 2013. *Proximization: The Pragmatics of Symbolic Distance Crossing*. Amsterdam: Benjamins.

Carbaugh, D. 2007. Cultural discourse analysis: Communication practices and intercultural encounters. *Journal of Intercultural Communication Research, 36*: 167–182.

Carbaugh, D. 2017. *The Handbook of Communication in Cross-cultural Perspective*. New York: Routledge.

Carey, J. 2008. *Communication as Culture (Revised Edition): Essays on Media and Society*. London: Routledge.

Carretero, F. D. 2017. China: Diplomacia económica, consecuencias geopolíticas. *Cuadernos de estrategia*, (187): 55–91.（中国：经济外交、地缘政治后果．战略文件，2017年第187期，第55–91页．）

Chang, J. & Ren, H. 2018. The powerful image and the imagination of power: The

"New Visual Turn" of the CPC's propaganda strategy since its 18th National Congress in 2012. *Asian Journal of Communication*, *28* (1): 1–19.

Chen, G.-M. 2001. Towards transcultural understanding: A harmony theory of Chinese communication. In V. H. Milhouse, M. K. Asante & P. O. Nwosu (Eds.), *Transculture: Interdisciplinary Perspectives on Cross-cultural Relations* (pp. 55–70). Thousand Oaks: Sage.

Cheng, C. Y. 1987. Chinese philosophy and contemporary human communication theory. In D. L. Kincaid (Ed.), *Communication Theory: Eastern and Western Perspectives* (pp. 23–43). New York: Academic Press.

Chilton, P. 2004. *Analysing Political Discourse: Theory and Practice*. London: Routledge.

Chilton, P. 2005. Discourse space theory: Geometry, brain and shifting viewpoints. *Annual Review of Cognitive Linguistics*, *3*: 78–116.

Collier, M. J. 2000. Constituting cultural difference through discourse. *International and Intellectual Communication Annual*, *23*: 156–169.

Crotty, M. 1998. *The Foundations of Social Research: Meaning and Perspective in the Research Process*. London: Sage.

Davis, G. 2009. *Worring About China: The Language of Chinese Critical Inquiry*. Cambridge: Harvard University Press.

De Beaugrande, R. & Dressler, W. 1981. *Introduction to Text Linguistics*. London & New York: Longman.

Esarey, A. & Xiao, Q. 2011. Digital communication and political change in China. *International Journal of Communication*, *5*: 298–319.

Fairclough, N. 1989. *Language and Power*. London: Longman.

Fairclough, N. 1992. *Discourse and Social Change*. Cambridge: Polity Press.

Fairclough, N. 1995. *Critical Discourse Analysis*. Boston: Addison Wesley.

Fairclough, N. & Chouliaraki, L. 1999. Language and power in Bourdieu on Hasan's "The Disempowerment Game". *Linguistics and Education*, *10*(4): 399–409.

Fairclough, N. & Fairclough, I. 2018. A procedural approach to ethical critique in CDA. *Critical Discourse Studies*, *15*(2): 169–185.

Gavriely-Nuri, D. 2012. Cultural approach to CDA. *Critical Discourse Studies*, *9*(1): 77–85.

Gleiss, M. 2016. From being a problem to having peoblems: Discourse, government and Chinese migrant workers. *Journal of Chinese Political Science*, *21*(1): 39–55.

Goffman, E. 1959. *The Presentation of Self in Everyday Life*. Garden City: Doubleday.

Goffman, E. 1967. *Interaction Ritual: Essays on Face-to-face Behavior*. New York: Anchor Books.

Gong, J. 2012. Re-imaging an ancient, emergent superpower: 2008 Beijing Olympic Games, public memory, and national identity. *Communication and Critical-cultural Studies, 9*(2): 191–214.

Guan, S-J. 2000. A comparison of Sino-American thinking patterns and the function of Chinese characters in the difference. In D. R. Heisey (Ed.), *Chinese Perspectives in Rhetoric and Communication* (pp. 25–43). Stamford: Ablex.

Gumperz, J. J. & Hymes, D. H. 1986. *Directions in Sociolinguistics: The Ethnography of Communication*. Oxford: Blackwell.

Halliday, M. A. K. 1973. *Explorations in the Functions of Language*. London: Edward Arnold.

Han, R. 2015. Defending the authoritarian regime online: China's "voluntary fifty-cent army". *The China Quarterly, 224*: 1006–1025.

Harris, Z. S. 1952. Discourse analysis. *Language, 6*: 532–534.

Hartig, F. 2016. How China understands public diplomacy: The importance of national image for national interests. *International Studies Review, 18*(4): 655–680.

Hartley, J. 2002. *Communication, cultural and media studies: The key concepts. Communication, Cultural and Media Studies*. New York: Routledge.

Heo, J. C. 2020. The networking strategy of contemporary Chinese diplomacy. *World Economy Brief, 18*: 1–4.

Hinck, R. S., Manl, J. N., Kluver, R. A. & Norris, W. J. 2016. Interpreting and shaping geopolitics in Chinese media: The discourse of the "New Style of Great Power Relations". *Asian Journal of Communication, 26*(5): 427–445.

Holliday, A. 2011. *Intercultural Communication & Ideology*. London: Sage.

Hu, H. C. 1944. The Chinese concepts of "face". *American Anthropologist, 46*(1): 45–64.

Hymes, D. H. 1962. The ethnography of speaking. In J. Fishman (Ed.), *Readings on the Sociology of Language* (pp. 99–138). The Hague: Mouton de Gruyter.

Jia, W. S. 2011. *The Remaking of the Chinese Character and Identity in the 21st Century: The Chinese Face Practices*. Westport: Ablex.

Julienne, M. & Hanck, S. 2021. Diplomatie Chinoise: de l'« esprit combattant » au « loup guerrier ». *Politique Étrangère*, (1): 103–118.（中国外交：从"志斗"到"战狼". 外交政策，2021 年第 1 期，第 103–118 页.）

Kavaratzis, M. 2004. From city marketing to city branding: Towards a theoretical framework for developing city brands. *Journal of Place Branding, 1*(1): 58–73.

Lasswell, H. 1948. *Power and Personality*. Westport: Greenwod Press.

Lee, P. S. N. 2016. The rise of China and its content for discursive power. *Global Media and China, 1*(1–2): 102–120.

Lemus-Delgado, D. 2021. La diplomacia china y la batalla por la verdad durante la pandemia de COVID-19: ¿una lucha por la hegemonía?. *Estudios internacionales (Santiago)*, (199), 91–114.（COVID-19 大流行期间的中国外交与真理之战：霸权之争?. 国际研究（圣地亚哥），2021 年第 199 期，第 91-114 页.）

Li, H. T. & Rune, S. 2017. When London hit the headline: Historical analogy and the Chinese media discourse on air pollution. *The China Quarterly*, First View: 1–12.

Lin, C. F. 2015. Red tourism: Rethinking propaganda as a social space. *Communication and Critical-Cultural Studies*, 12(3): 328–346.

Lincot, E. 2019. La Chine et sa politique étrangère: le *sharp power* face à l'incertitude?. *Revue internationale et stratégique*, (115): 39–49.（中国及其外交政策：面对不确定性的强大力量?. 国际和战略评论，2019 年第 115 期，第 39-49 页.）

Littlejohn, S. W., Foss, K. A. & Oetzel, J. G. 2017. *Theories of Human Communication*. (11th ed.). Long Grove: Waveland Press.

Lu, S. M. 2000. Chinese perspectives on communication. In D. R. Heisey (Ed.), *Chinese Perspectives in Rhetoric and Communication* (pp. 57–65). Stamford: Ablex.

Lu, X. 2000. The influence of classical Chinese rhetoric on contemporary Chinese political communication and social relations. In D. R. Heisey (Ed.), *Chinese Perspectives in Rhetoric and Communication* (pp. 3–23). Stamford: Ablex.

Machin, D. 2016. The need for a social and affordance-driven multimodal critical discourse analysis. *Discourse and Society*, 3: 322–355.

Martin, J. 2004. Positive discourse analysis: Solidarity and change. *Revista Canaria de Estudios Ingleses*, 49: 179–200.

Miike, Y. 2009. New frontiers in Asian communication theory (special issue). *Journal of Multicultural Discourses*, 4(1): 1–5.

Miike, Y. 2019. Intercultural communication ethics: An Asiacentric perspective. The Journal of International Communication, 25(2): 159-192.

Mosquera, M. 2018. Principios y agenda en la política exterior china. Un análisis constructivista de los discursos de Xi. *Estudios internacionales: Revista del Instituto de Estudios Internacionales de la Universidad de Chile*, (190): 37–61.（中国外交政策的原则和议程：习主席讲话的建构主义分析. 国际研究：智利大学国际问题研究所学报，2018 年第 190 期，第 37-61 页.）

Nakayama, T. & Halualani, R. T. 2011. *Handbook of Critical Intercultural Communication*. Oxford: Blackwell.

Neuliep, J. W. 2011. *Intercultural Communication: A Contextual Approach*. Thousand Oaks: Sage.

Nordin, A. & Richaud, L. 2014. Subverting official language and discourse in China?

Type river crab for harmony China information. *China Information*, 28(1): 46–67.

Orwell, G. 1949. *Nineteen Eighty-Four*. London: Secker & Warburg.

Pardo, L. 2010. Critical and cultural discourse analysis from a Latin American perspective (special issue). *Journal of Multicultural Discourses*, 5(3): 183–290.

Phillipson, R. 1992. *Linguistic Imperialism*. Oxford: Oxford Univesity Press.

Prah, K. K. 2010. African realities of language and communication in multicultural setting (special issue). *Journal of Multicultural Discourses*, 5(2): 83–86.

Ravi, G. 2019. Toward a Critical Understanding of the World/Global City Paradigm. *The Journal of Public and Professional Sociology*, 11(1): 3.

Rorty, R. S. 1979. *Philosophy and the Mirror of Nature*. Princeton: Princteon University Press.

Ruiz, P. I. A. 2016. Diplomacia en transición. La República Popular China frente a la dictadura cívico-militar en Chile. *Estudios Políticos*, (49): 35–54.（转型中的外交：中华人民共和国反对智利的军民专政.政治研究，2016年第49期，第35–54页.）

Said, E. W. 1978. *Orientalism*. London: Routledge & Kegan Paul.

Said, E. W. 1993. *Culture and Imperialism*. New York: Alfred A. Knopf.

Saville-Troike, M. 2003. *The Ethnography of Communication: An Introduction*. (3rd ed.). Malden: Blackwell.

Scollo, M. 2011. Cultural approaches to discourses analysis: A theoretical and methodological conversation with special focus on Donal Carbaugh's cultural discourse theory. *Journal of Multicultural Discourses*, 6 (1): 1–32 .

Scollon, R. & Scollon, S. W. 2000. *Intercultural Communication: A Discourse Approach*. Malden: Blackwell.

Seesaghur, H. N. & Robertson, E. 2016. An Overview of the Chinese Agenda: Global Sustainable Peace and Development, *Acta Universitatis Danubius: Relationes Internationales*, (2): 154–171.

Shi, X. 2005. *A Cultural Approach to Discourse*. Basingstoke: Palgrave Macmillan.

Shi, X. 2009. Reconstructing eastern paradigms of discourse studies. *Journal of Multicultural Discourses*, 4 (1): 29–48.

Shi, X. 2014. *Chinese Discourse Studies*. Basingstoke: Palgrave Macmillan.

Shi, X. 2015. Cultural discourse studies. In K. Tracy, C. Ilie & T. Sandel (Eds.), *International Encyclopedia of Language and Social Interaction* (pp. 289–296). Malden: Blackwell.

Shi, X. Prah, K. K. & Pardo, M. L. 2016. *Discourses of the Developing World: Researching Properties, Problems and Potentials of the Developing World*. New York: Routledge.

Sun, W. N. 2010. Mission Impossible? Soft power, communication capacity, and the globalization of Chinese media. *International Journal of Communication*, 4: 54–72.

Swidler, A. 1986. Culture in action: Symbols and strategies. *American Sociological Review*, 51(2): 273–286.

Thussu, D. K. 2006. *International Communication: Continuity and Change*. (2nd ed.). London: Hodder Arnold.

Tien, N. I. & Bing, N. C. 2021. Soft power, confucius institute and China's cultural diplomacy in Malaysia. *Kajian Malaysia: Journal of Malaysian Studies*, 1: 55–76.

van Dijk, T. A. 1985. *Handbook of Discourse Analysis*. London: Academic Press.

Wang, G. & Chen, Y. K. 2010. Collectivism, relations and Chinese communication. *Chinese Journal of Communication*, 3(1): 1–9.

Wang, H. M., Cheng, Z. & Zhu, D. J. 2020. Striving for global cities with governance approach in transitional China: Case study of Shanghai. *Land Use Policy*, 90: 1–11.

Wang, J. Y. 2017. Representations of the Chinese Communist Party's political ideologies in President Xi Jingping's discourse. *Discourse & Society*, 28(4): 413–435.

Wodak, R. & Meyer, M. 2002. *Methods of Critical Discourse Analysis*. London: Sage.

Xiao, X. S. & Chen, G. M. 2009. Communication competence and moral competence: A Confucian perspective. *Journal of Multicultural Discourses*, 4(1): 61–74.

Yoshitaka, M. 2019. Intercultural communication ethics: An asiacentric perspective. *The Journal of International Communication*, 25(2): 159–192.

Zhang, X. L. 2013. How ready is China for a China-style world order? China's state media discourse under construction. *Ecquid Novi: African Journalism Studies*, 34(3): 79–101.

Грачиков, Е. Н. 2015. Особенности внешней политики Китая: этапы смены стратегий. *Научно-аналитический журнал Обозреватель—Observer*, 3: 34–46.（中国外交政策的特点：战略转变阶段．科学分析杂志——观察家，2015 年第 3 期，第 34–46 页．）